천서 0.0001

③

문화영 지음

도서출판 수선재

천서 0.0001 ❸

ⓒ 문화영. 2006

| 지은이 | 문화영   1판1쇄 | 2006년 7월 14일 | 1판3쇄 | 2009년 9월 1일
| 펴낸이 | 유성민   펴낸곳 | 도서출판 수선재   편집팀 | 최경아, 윤양순
| 마케팅 | 권성진   출판등록 | 1999년 3월 22일 (제1-2469호)
| 주소 | 서울시 종로구 적선동 19번지 2층   전화 | 02.737-9454
| 팩스 | 02.737-9456   홈페이지 | www.suseonjaebooks.com

ISBN 89-89150-44-2 04810

값은 뒤표지에 있습니다.
잘못된 책은 바꾸어드립니다.
저자와 협의하여 인지는 생략합니다.

책을 내면서

이 책을 읽는 분은 천수체(天壽體)입니다.

천서(天書)란 하늘의 기운인 천기(天氣)를 그대로 옮겨놓은 기록입니다. 따라서 이 세상을 지금까지 움직여 온 기본 원리이자 앞으로 움직여 나갈 방향이기도 한 것입니다.

천기란 천지창조의 모든 것을 담고 있으므로 이 천기를 통하여 우리가 살고 있는 이 세상의 모든 것을 비롯한 우주의 근본 원리를 알 수 있는 것입니다.

천기란 아무나 읽을 수 있는 것은 아닙니다. 또, 읽는다고 해서 그 내용을 전부 알 수 있는 것도 아닙니다. 인연이 아니면 읽었다고 해도 그 내용을 알 수 없으므로 누구에게 이야기 할 수 있는 것도 아닙니다. 말 그대로 천기이기 때문입니다. 인연이 되지 않은 사람에게는 저절로 잠겨지는 자물쇠가 들어 있는 것과 같습니다.

천서란 우주의 모든 것, 하늘의 모든 것, 인간의 모든 것을 기록한 글로서 이 안에서 인간은 아주 일부에 해당합니다. 그러나 그 일부는 전체를 대표하는 일부입니다.

모든 인간은 하늘과 하나가 될 수 있는 조건을 갖추고 태어났습니다. 이 것을 어떻게 발견하고 실천하느냐에 따라 인간은 하늘과 동격이 될 수 있습니다. 하늘과 동격이란 천기에 대한 완벽한 이해와 일체화로 하늘과 하나가 되는 것입니다.

천서는 인연이 되지 않는 사람에게는 닿지 않을 것입니다. 하늘과 인연이 있는 사람을 우리는 천수체(天壽體)라고 합니다.

이 책을 접하였다면 당신은 천수체입니다. 천수체는 하늘과 하나가 될 수 있는 인연의 씨앗을 자신의 내부에 가지고 태어난 사람입니다. 즉 하늘의 말씀을 받고 그것의 실행을 통하여 자신도 하늘의 대열에 합류할 수 있는 사람입니다.

누구나 그런 것은 아닙니다. 지금까지의 생(生)의 모든 것을 종합하여 판단한 결과 가능성을 인정받고 선택받은 사람이 하늘로부터 받은 혜택의 결과입니다.

이 책을 펴낸 수선재(樹仙齋)는 천수체들이 이끌어 가는 모임입니다.

우주의 목적은 진화이며 가장 근본적이고 원천적인 진화는 영적(靈的)인 진화입니다. 인간이 하늘의 뜻을 알고 이것을 실행할 때 자신이 우주의 구성원이 되어 자신의 역할을 수행할 수 있음을 알 수 있습니다.

우주의 원리를 이해하고 이것을 자신과 일치시켜 나가려는 노력은 우리가 전설로만 듣던 많은 선인들의 자취를 따라 완성의 길을 갈 수 있는 가능성을 열어줄 것입니다. 이 길은 금생(今生)에 인간으로 태어나 걸어볼 수 있는 최상의 길이며 인간으로서 태어난 가장 큰 보람을 가질 수 있는 길입니다.

이 책은 인간이 물질로 극복하지 못한 모든 문제에 대한 해답을 제시합니다.

이 책을 접한 당신은 천수체입니다.

책이 나올 수 있도록 도움을 주신 모든 분들께 감사드립니다.

수선대에서

문화영

차례 · 3권

책을 내면서… 이 책을 읽는 분은 천수체입니다   5

1. 수련생들이 나아가야 할 방향
방향1 수련의 방향   16
방향2 수련생마다 다른 수련 과정   19
방향3 수련의 공통 과정, 호흡   22
방향4 우주선(宇宙線)으로의 연결   25
방향5 천기단계를 넘어 우주로   28
방향6 건강한 몸에 깃든 건강한 마음   31
방향7 불균형에서 균형으로의 진화   34
방향8 마음을 안정시키는 2가지 방법   37
방향9 무심은 선인화의 첩경   40
방향10 파장을 통한 진화   43
방향11 진화를 위해 준비된 별   46
방향12 선배 영장류와의 교류   49
방향13 수련의 승수효과, 동참   52
방향14 수련의 요체는 정심   55

2. 스승은 자신을 버려 제자를 구하시는 분
스승은 자신을 버려 제자를 구하시는 분   58
스승의 날의 의미   61
스승이라는 역할은 선계의 사명   64
우주의 존재를 자각하는 시점   70
자신의 길을 갈 수 있도록   73
스승에게서 뿌려진 씨앗을 제자들이 키워야   76
인간의 잣대, 하늘의 잣대   79
천기와의 인연   82
스승의 인도   85
조물주의 뜻을 펴시는 분   89

스승의 직접 수련지도에 대하여 92
죽음에 대한 공부, 명공부 95

3. 호흡을 통한 본성과의 만남

천기의 소중함 98
천기는 느낌으로 온다 101
천기의 응용에 대하여 105
백일 수련 109
천일 수련, 자신과 수련이 하나 되는 과정 114
1차 백일 수련 진행 117
2차 백일 수련 지침 119
3차 백일 수련 지침 122

4. 본성에 이르는 다양한 수련방법

자평수련(自評修鍊) 126
도반의 충고는 하늘의 충고 129
선계의 당부 말씀 133
수련생의 점수에 대하여 138
모든 것을 비우는 공심수련(空心修鍊) 141
인연이 아닌 인연 143
수련생들의 수준 145
○○지부장의 의통 능력 147
엄○○의 호흡 법 149

5. 선명, 선계에서 사용하는 이름

선명의 의미 152
선명반 용신 수련 155
수련생의 외로움에 대하여 160
선명 반납에 대하여 163
선명 회수에 대하여 165

6. 선계수련의 볼텍스를 찾아서 - 국내행련
　　선계수련의 볼텍스　170
　　단0산에 대한 문의　173
　　우주 기운의 기준점, 단0산 산신　176
　　선계수련의 성지　178
　　분산의 명소, 골0산　181
　　골0산 행련 평가　183
　　명0대 산신과의 대화　185
　　천기가 서린 곳, 명0대　191
　　어머니와 같은 기운, 모0산　194
　　기운 정화의 명소, 진0산　198

7. 몸을 교재로 하는 수련생들 2 (『천서』 2권에서 이어짐)
　　병은 마음이 반영된 결과　206
　　천연을 가꾸는 정성　211
　　몸은 공부의 가장 직접적인 교재　214
　　매 순간 감사하는 마음으로　219
　　이0 수사의 몸 공부　222
　　노년의 수련은 마음공부 위주로　225
　　00 수사의 질병　229
　　부채를 갚는 해업 과정　231
　　00 수사의 피부병　235
　　00 수사의 협심증　237
　　마음의 크기, 몸의 크기　239
　　본인의 의지가 중요한 변수　241
　　단전을 놓친 수련생　244
　　사스(SARS)의 원인과 대책　246

8. 우주에서 온 수련생들
- 명부1 향천 후 고향별 카디날성으로   250
- 명부2 동물은 하늘이 내려준 교재   253
- 명부3 처음 태어난 천수체의 씨앗   256
- 명부4 영체들을 관리하던 아라성의 영주   259
- 명부5 수련인연 100   262
- 명부6 완기 공간인 00성단의 00   264
- 명부7 영계를 통하여 지상에 태어난 포자   267
- 명부8 와우성의 책임자   269
- 명부9 무라성의 수련 관리인   272
- 명부10 진화를 위해 유학 온 선녀   274
- 명부11 지구에 태어나기 전 동면기를..   277
- 명부12 선계에서 하늘을 관리하던 선녀   279

에필로그... 비 오면 비를 통하여 눈 오면 눈을 통하여   285
편집자의 글... 맑고 밝고 따뜻한 우주시대를 여는 책   288

차례 · 4권

책을 내면서… 이 책을 읽는 분은 천수체입니다   5

1. 선문화, 하늘을 알고 사랑하고,
      자연을 알고 사랑하고, 인간을 알고 사랑하는 일
    선문화의 주제는 편안함   16
    하늘을 알리는 선문화전   19
    하늘의 도리를 펴는 방법   22
    수선재의 차례에 대하여   25
    천도 중인 조상님들의 현황   29
    수선대의 햇무리와 달무리   35
    수맥에 대하여   38

2. 지부, 하늘과의 만남을 이루어 주는 곳
    지부장의 조건   42
    지부장과 회원들이 한마음으로   45
    비할 수 없이 큰 것을 나누는 길   49
    수선재의 해외지부   51
    지부는 손발과 같은 곳   53

3. 선계수련의 볼텍스를 찾아서 – 해외행련
    미국 동부의 볼텍스   58
    물질문명의 나라, 미국   62
    천기와 미국 지기의 융화   67
    맑고 강한 지기의 나라, 호주   70
    행련 지역 신들과의 대화1 – 싱가포르   75
    행련 지역 신들과의 대화2 – 호주 OO   79
    행련 지역 신들과의 대화3 – 호주 OO   87
    행련 지역 신들과의 대화4 – 호주 시드니   92

진화일정을 앞당기는 행련　97
　　신계(神界)의 보고, 앙코르와트　100
　　선인의 길을 감에 도움이 되는 행련지　103
　　행련은 무형의 진화　108
　　O산 산신과의 대화　112

4. 옛 성현들과의 만남
　　- 예수
　　탄생에 대한 문의　120
　　진리를 펴는 방법　125
　　인도와 불교가 없었더라면　130
　　가롯 유다의 배신과 인간의 허점　135
　　제자들이 모여든 이유　138
　　유대인이 생각하는 하늘　143
　　- 황진이
　　자신을 사랑하세요　148
　　남자들은 누구인가?　151
　　선악과와 생명나무　155
　　- 공자와 노자
　　공자님과의 대화　158
　　공자와 제자들　163
　　노자, 도와 덕은 하나　167

5. 천연으로 만난 가족
　　평범함 속의 비범함　172
　　파장이 동일하여 만난 부부인연　176
　　지상에서 수련생으로 만난 인연　181
　　신선사상을 같이 공부했던 인연　185
　　전생에 맺어지지 못한 인연　190

전생에 남편을 흠모하였던 인연　194
황씨 3형제　198
잠시 스쳐 지난 인연이 자매로　203

6. 전생에서 이어지는 수련2
명부1　전생에 못다 한 일　210
명부2　가까이 가지고 있는 변수　213
명부3　무심으로 생활하던 농군　216
명부4　하늘에 대한 한 자락 인연　219
명부5　선과 악을 공유한 것이 장점이자 단점　222
명부6　용맹을 떨쳤던 백제의 장수　227
명부7　신령한 나무를 벤 나무꾼　232
명부8　복합적인 정보를 가진 DNA　236
명부9　덕을 쌓는 일, 업을 짓는 일　239
명부10　武를 통해 도를 추구하던 장수　244
명부11　불법의 보급에 매진하던 승려　248
명부12　하늘에 대한 갈증　253
명부13　자신을 알고자 함에 대한 열망　257
명부14　한 부족을 이끌던 지도자　261

에필로그... 비 오면 비를 통하여 눈 오면 눈을 통하여　265
편집자의 글... 맑고 밝고 따뜻한 우주시대를 여는 책　268

1

수련생들이 나아가야 할 방향

방향 1 수련의 방향

지구의 모든 수련생들은 자신의 할 바가 있다. 이러한 할 바는 긍정적인 면과 부정적인 면의 두 가지가 있으며, 이 두 가지가 종합되어 인간사를 만들어 가는 것이다.

수련이란 누구를 위하여 하는 것이 아니라 자신을 위해서 하는 것이며, 진화 역시 자신이 진화하는 것이지 자신이 수련함으로 인하여 타인이 진화하는 것이 아닌 것이다.

생각이란 바늘 끝만큼의 차이로 인하여 앞서고 뒤서는 것이며, 결국 나중에는 선인이 되는가 아닌가를 결정짓게 되는 것이다.

인간이 인간의 몸을 가지고 있는 동안에는 끊임없이 모든 과제를 해야 하는 부담을 안고 가게 되어 있다. 인간의 몸을 가지고 있는 동안은 수련생으로서의 과정을 겪고 있다고 할 수 있다.

돈을 벌기보다 벌어놓고 지키는 것이 더 어려운 것과 마찬가지로 도 역시 깨우치기보다 깨우치고 나서 살아 있는 동안 그 수준을 유지하기가 더욱 어려운 것이다.

따라서 하늘은 수련을 하고 있는 인간들이 이러한 어려움을 상시 체감함으로써 자신의 수준을 유지하고 목표를 상향조정할 수 있도록 하고자 그 누구를 불문하고 량이 차이일 뿐 어느 정도는 육신으로 인한 고민을 하도록 프로그램하고 있다.

수련생이 어느 특정 부위가 약하다는 것은 바로 그 면으로 수련하여야 함을 말해주는 것이다. 즉 자신의 수련 방향이 바로 그 부분임을 말해주는 것이다. 위가 약하면 토의 기운이 부족하니 수련 중 토의 기운을 의념하여 주로 받아들여야 함을 말해주는 것이요, 간이 약하면 목의 기운을 떠올려 간의 탁기를 제거하고 정기를 강화하여야 함을 말해주는 것이다. 이러한 과정을 거치면서 모든 수련생들이 자신의 건강을 찾고 건강을 바탕으로 자신의 의지를 찾아나간다면 수련의 효과를 볼 수 있을 것이다.

기운이란 절대로 맑은 기운은 있어도 절대로 탁한 기운은 없으며, 얼마나 탁한가가 탁도의 기준이 되는 것이다. 수련생들의 경우 아주 탁한 기운은 없으며 대체적으로 맑은 성격을 가지고 있으면서도 정리되지 않음으로 인하여 특이한 성격으로 보이는 수련생들이 많이 있는 것이다.

특이한 성격은 나름대로 특이한 경우에 특이한 장소에서 발휘된다면 한 몫을 할 수 있는 것이나 이러한 것이 필요한 때에 필요한 장소에서 발휘되지 않음으로 인하여 문제가 되는 것이다.

인간의 모든 일이 뜻대로 되는 것은 아니다. 허나 최선을 다한다면 뜻대로 되지 않는 것도 아니다.

수련생들은 자신의 모든 문제에 대한 답을 수련 속에서 찾아볼 수 있도록 하라. 천일이란 인간의 웬만한 문제를 풀어 넘길 수 있는 기간이니 이 기간을 통하여 자신의 존재 이유에 대한 답을 찾을 수 있도록 하라.

방향 2 수련생마다 다른 수련 과정

수련이란 일조일석에 이루어지는 것이 아니요, 평생을 해도 다하지 못하는 경우가 대부분이며 바른 길을 찾아 들어갔을 경우에만 자신의 목표를 이루는 것이 가능하다.

또한 수련 시 자신의 목표를 분명히 의념하고 이 목표를 달성하기 위하여 여타 모든 것을 희생할 수 있어야 하는 것이다.

이렇게 되기 위해서는 자신의 어느 부분을 희생할 것인가에 대한 판단이 우선되어야 한다. 희생이라기보다는 최선을 위하여 차선을 행하지 않는 것이라고 할 수 있다.

수련에는 우선적으로 시간이 필요하며 다음으로 스승의 지도가 필요하다. 또한 이렇게 인간을 진화시키기 위한 수련에 다양한 천수체들을 개발하여 동참시키는 것이 필요하다. 다양한 천수체들이 동참하여야 하는 이유는 기운의 전체적인 량을 키움으로써 추진력을 장대하게 함에 그 목적이 있다.

달에까지 가는 우주선은 클 필요가 없으나 머나먼 우주로 항해하는 우주선은 적어도 수천에서 수만 명 인원의 생활이 가능할 만큼 대형화할 필요가 있는 것과 마찬가지로 수선재의 기운으로 많은 수의 천수체들이 자신의 고향으로 돌아가기 위해서는 그만큼의 맑고 추진력 있는 기운으로 수련의 단계를 신속히 끌어올려야 할 필요성이 있는 것이다.

종이장도 맞들면 가볍다는 말은 수련에서도 공통적으로 적용되는 말이며, 수련이라는 힘겨운 과정을 다양한 다수의 수련생들이 함께 들어올린다면 그만큼 빠르고 멀리 갈 수 있는 것이다.

따라서 이러한 공덕을 쌓은 수련생들은 그들이 인도한 천수체들의 기운이 진전할 수 있는 힘이 되어 자신들이 수련으로 가야 할 길에 부족한 기운을 보충시켜 보다 더욱 나갈 수 있는 氣적인 동력을 제공하게 되는 것이다.

수련이란 삶의 여정과 같아 매 수련생마다 다양한 과제들이 부여되고 있으며, 이러한 다양한 과제들에 대하여 도출되는 해답 역시 매 수련생들이 다를 수밖에 없는 것이다. 또한 수련이 진전됨에 따라 부여되는 과제가 높아지므로 수련이 결코 가벼워지지 않는다는 것에 대한 이해를 가져야 한다.

초등학교 1학년은 쉽게 갈 수 있으나 고등학교 3학년 때의 공부가 더욱 어려운 것과 같이 수련 단계가 높아진다고 해서 俗의 일이 결코 쉬워지는 것이 아님을 알아야 한다. 하지만 자신의 등급이 그만큼 높아지고 있음을 하늘은 알고 있는 것이다.

수련의 과정은 다 같은 것 같아도 내적으로 겪어야 하는 과정은 수련생마다 다른 것이며, 그것에서 자신의 몫이 되는 부분 역시 다른 것이다. 인간이 지구상에 수십 억 명이 존재하여도 그 수십 억 명이 모두 다른 길을 가는 것이며, 이러한 다른 길이 목표하는바 역시 다른 것이다.

따라서 수련생들이 다양한 방법으로 수련을 하고 있으나 이루어 가는 과정 역시 다를 수밖에 없는 것이다.

방향 3 수련의 공통 과정, 호흡

개개의 수련생들이 수련의 방법이나 내용에 있어 많은 차이가 있으나 그 중에서 반드시 공통적인 것이 있으니 바로 호흡으로 시작하고, 호흡으로 겪어 넘기며, 호흡으로 마무리한다는 것이다.

이러한 까닭에 호흡이 없는 영체들이 진화하는 속도는 고여있는 물로 손에 묻은 먹물을 씻는 것과 같으나 호흡이 가능한 인간은 흐르는 물에 손을 씻는 것과 같아 그 차이는 비교할 수 없을 만큼 큰 것이다.

호흡의 위력이 이루 말로 할 수 없을 만큼 큰 것은 바로 이 호흡이 지닌 힘 때문이다. 호흡은 생명이 있는 존재는 물론, 생명이 없는 존재조차도 하지 않고는 안 되는 과정인 것이다.

공기의 호흡은 바람이오, 물의 호흡은 흐름이며, 물체의 호흡은 그 자체가 바로 역사인 것이다.

우주란 역사를 전제로 하여 이루어진 것이며, 이러한 역사는 우주를 구성하고 있는 호흡으로 이루어지는 것이다. 이 우주의 역사는 바로 진화를 기본으로 하고 있는 것이며, 이 진화를 이루어 가는 방법은 선인들의 호흡인 것이다.

인간이 진화함에 있어 가장 중요한 것은 이 선인들의 호흡, 즉 우주의 기본적인 흐름에 동참하는 것이며, 이러한 선인들의 호흡에 동참하지 않는 한 한낱 미물에 불과할 수밖에 없는 것이다.

이렇게 물체의 호흡이 필요한 단계를 넘어서야만이 선인이 되는 것이며, 선인의 경우 마음의 호흡만으로도 모든 것을 이루어 낼 수 있는 것이다. 선인들이 하는 일도 모두 호흡으로 이루어지는 것이며, 이러한 호흡의 기본은 바로 의식인 것이다.

따라서 이미 호흡이 필요 없는 단계에 오르신 선인들이 마음으로 하는 호흡을 통하여 우주를 구성하고 유지해 나가는 것이다.

이 우주를 구성하는 호흡이 연결되는 통로가 바로 우주선이며, 수련생들이 수련 중 안테나를 이용하여 닿고자 하는 곳이 바로 이 우주선인 것이다. 이 우주선에 연결되어 그 선을 타고 흐르는 기운을 받아들임으로써 인간의 호흡으로 연결되며, 이 기운을 통하여서만이 진화가 가능하게 되는 것이다.

선인의 호흡은 우주 기운의 흐름 그 자체이며, 따라서 우주선에는 선인의 호흡이 배어 있지 않은 곳이 없다.

이렇게 우주를 흐르는 기운을 받아들일 수 있는 방법이 바로 의식을 집중하여 단전으로 하는 호흡이며, 그 호흡 중에서도 고도의 집중상태에서 알파파장으로 하는 호흡이 곧 수련생들이 자신을 진화시키기 위하여 할 호흡인 것이다. 선계에서 단순히 육체로만 하는 호흡을 호흡이라고 하지 않는 이유는 바로 이 점 때문이다.

호흡으로 선인의 기운에 연결될 수 있도록 최선을 다하고 이 호흡을 통하여 우주선에 연결될 수 있도록 하라. 호흡은 만사이니라.

방향 4 우주선(宇宙線)으로의 연결

우주선(宇宙線)이란 우주공간에 존재하는 기로 연결된 라인(Line)으로서 다양한 기운의 보급은 물론 기를 통한 우주공간의 균형과 질서를 이룸에 있어 가장 근본적인 역할을 하는 것이다.

모든 별들이 인력(引力)으로 거리를 유지하고 상호간의 균형을 유지하는 것이나 각 별들이 각자의 위치에서 벗어나지 않으면서 자신의 역할을 하는 것 등이 바로 우주선의 역할에 의한 것이다. 또한 우주에서의 순간이동 역시 우주선을 통하여 이루어진다.

인간의 능력으로는 물질을 동반한 순간이동이 불가능하나 우주에서는 얼마든지 순간이동이 가능하며 그 량도 한 은하계까지도 이동이 가능한 것이다. 우주 전체에서 은하란 지상에서 먼지 한 톨에 불과한 정도이니 그보다 큰 것도 순간에 이동이 가능한 힘을 지닌 것이 바로 우주선으로 일컬어지는 우주의 힘인 것이다.

우주의 모든 질서는 우주선을 통하여 통제되고 조정된다. 우주에서 우주선의 역할은 절대적이니 우주선이 없다면 지구에서 물과 공기가 없어지는 것과 같아 즉시 그 존재 자체가 유지될 수 없게 되어 버리고 마는 것이다.

생물성과 무생물성의 구별, 태양과 같은 중심별과 다양한 위성으로 이루어진 주변별의 존재, 해당별마다 인간과 같은 시한부 생명체가 아닌 영생의 생명체가 존재하며 이들은 바로 선인들에 의해 그 임무를 부여받은 영체이기도 하고 준선인이기도 하며, 선인이기도 한 것이다.

인간의 능력으로 우주선에 연결된다 함은 바로 이러한 우주의 절대적인 존재이자 진리에 연결되는 것이니 이러한 것이 바로 수련의 목적이기도 한 것이다.

우주선에는 본선(本線)과 지선(支線)이 있으며, 본선은 각 우주간을 연결하는 선이며 지선은 각 은하를 연결하는 선이다. 각 은하의 내부를 연결하는 선은 다시 세선(細線)으로 연결되어 각 별간의 기능과 역할을 조정하게 된다.

이러한 우주선의 구조와 작동원리는 우주의 모든 물체에 미치고 있으며 지구의 강물이 실개천에서 개천으로, 개울에서 강으로 흘러내리는 것과 산도 큰 산에서 작은 산으로 줄기를 이루면서 기운을 받아 흘러내리는 것, 인체 내부에서 모세혈관과 동맥, 정맥의 구분 등이 바로 이러한 질서를 말해주고 있는 것이다. 생물과 무생물 등 우주의 모든 물체는 이러한 질서에서 벗어날 수 없으며 이러한 질서에 의해 모든 것이 유지된다.

인간은 이러한 우주선의 본선에 어느 지점에서 연결될 수 있는가에 따라 자신의 등급이 결정된다. 우주의 본선은 인간의 격을 심사하여 연결 시 우주기운의 순도에 긍정적 영향을 미칠 수 있는 인간만을 연결시켜 주는 것이다.

우주선의 존재와 입증방법은 바로 지금까지 배웠던 모든 과학적 지식으로 검증될 수 있는 것이니 이것이 바로 선인들이 노력한 결과라고 할 수 있다.

방향 5 천기단계를 넘어 우주로

수련생들이 받아들여야 하는 기운은 크게 천기(天氣)와 지기(地氣)로 구분된다.

지기란 인간이 지구에서 생활함에 있어 반드시 필요한 기운으로서 지상에 존재하는 한 인간의 생명을 유지하는데 필요한 기운의 절반을 차지하는 기운이다.

이 지기는 원래 천기의 일부이나 천기가 지구의 기운에 동화되고 난 후 다시 각각의 맥을 타고 분출되어 나오는 기운이므로 용도가 달라 지구에서만 소용되는 기운인 것이다. 따라서 지구에서 존재하는 한 지기에서 벗어날 수 없으며, 지기가 없이는 살아갈 수 없는 것이다.

허나 천기가 존재하므로 천기를 통하여 우주기운에 연결이 가능하다. 천기란 지구의 하늘에 존재하는 기운으로서 지기와 우주기의 중간에 위치하며 인간의 입장에서 보면 우주기운에 가까우나 우주의 입장에서 보면 중간의 위치에 있는 기운이다. 이 기운을 받아들여 내 것으로 만들고 이 기운을 통한 기운의 변화로 우주기운을 받아들일 수 있도록 하여야 한다.

지기를 받아들이는 단계를 넘어 천기를 받아들이는 천기수련을 할 때에는 많은 감정상의 기복이 생겨 잡념이 평소보다 더욱 심해지게 되어 있다.

천기란 우주기운으로 건너가는 중간단계의 기운으로서 지기가 가지고 있는 음양오행의 근본적 특성에서 벗어나도록 해주는 기능을 가지고 있으나 이 오행의 기운에서 벗어난다 함은 고향을 버리고 떠나듯 아쉬움이 남아 있는 것이어서 더욱 희로애락의 잔상이 수련생들의 머리를 어지럽히게 되는 것이다.

따라서 수련을 시작하고 나서 더욱 잡념이 드는 것은 벗어남에 대한 반동으로 발생되는 것이니 수련이 진행되고 있음에 대한 반증이기도 한 것이다.

허나 천기의 단계를 벗어나야 함에도 지속적으로 잡념에서 벗어나지 못하고 있음은 수련이 진행되지 않고 있음을 말해주는 것이니 또한 경계해야 할 일이다. 잡념의 바다, 즉 천기단계를 벗어날 때까지의 수련은 자신을 철저히 몰입하여야 한다.

완전한 집중만이 이곳을 벗어날 수 있도록 할 수 있으며 불완전한 집중으로는 이 단계를 벗어날 수 없을 뿐만 아니라 더욱 수련상의 곤경에 처해지게 되므로 육신의 문제까지 발생할 수 있는 것이다. 건강차원에서 수련을 하려면 도인법과 기초단계의 호흡만 할 것이며 천기단계에까지 가지 않는 것이 좋다.

하지만 천기단계에 진입을 하였다면 악어와 피라니아가 우글거리는 강을 수영으로 건너는 것과 같아 잡념에 치이게 되고 거의 집중이 된 상태에서 이 집중이 깨지면서 기(氣)적인 혼란에 휩싸인다면 그 충격을 감당키 어려운 경우가 발생되게 된다.

따라서 반드시 스승과 스승이 인가한 선배들의 지도하에 수련을 하여야 하는 바 선인이 되는 길이란 취미 삼아 가서는 안 되는 길이기 때문이다.

방향 6 건강한 몸에 깃든 건강한 마음

선배들은 후배들이 수련 중 조우하는 문제에 대한 해결책을 가지고 있어야 하는바 이러한 해결책의 가장 근본을 이루는 부분이 바로 건강에 대한 것이다.

인간은 근본적으로 음양으로 구분되고 오행으로 구성되어 이러한 근본이 흐트러질 때 이상이 나타나도록 되어 있다.

허나 인간이란 자신의 업보에 따라 출생 시부터 어느 정도 오행상의 불균형을 타고나게 되므로 일정부분의 불균형은 어쩔 수 없다.

다만 이러한 불균형을 어떻게 해서든지 균형화 시킴으로써 자신의 마음을 평정시키고 따라서 이것을 육신으로 연계하여 건강으로 나아갈 수 있을 것인가 하는 것이 바로 수련의 목적 중 하나인 것이다.

수련을 한다고 해서 저절로 균형이 찾아지는 것은 아니며, 도인법이나 호흡 수련을 하는 과정에서 자신의 몸과 마음이 변화함에 따라 균형이 찾아지는 것이다.

이러한 균형이 찾아지게 되면서 자신의 육신의 건강을 찾고 건강한 몸에 깃든 건강한 마음으로 점차 수련의 목표인 선인화를 실현하게 되는 것이다.

이러한 과정은 일견 쉬워 보이나 수 생 동안 누적된 자신의 공과를 덜어 내는 작업이 병행되므로 자신도 모르게 예전의 습이 나오게 되므로 변화를 수용하고 새로운 바탕을 만드는 것이 결코 쉬운 것이 아니다.

그 과정에서 자신의 마음을 단련하고 조종할 수 있는 의지와 내성을 키워야 하며, 이러한 작은 단계의 수련과 그로 인한 변화가 쌓이고 쌓여 미래의 자신을 만들어 가는 것이다.

크고 작은 불균형은 때로는 수련에 자극을 주기도 하고 인내력을 시험하기도 하며, 인간의 한계를 확인하기도 하는 것이니 이러한 불균형이 없다면 수련 시작 시 동기부여가 약해지는 면이 있어 나중에 박차고 나감에 필요한 힘이 부족할 수 있는 것이다.

수련이란 일견 도인법과 호흡법으로 구성되어 쉬운 것처럼 보일 수 있으나 결코 쉬운 것이 아니며, 쉽다면 귀한 것이 아니니 이러한 답안을 어찌 아무 곳에서나 구할 수 있을 것인가?

불균형에서 균형으로의 변화를 이끌기 위해서는 인체에 대한 지식을 기본으로 하는 바 현재 수선재의 선배들의 구성은 자체적으로 이러한 분야에 대하여 후배들을 이끌 수 있는 다양한 지식기반이 조성되어 있다.

선배들은 기존에 축적된 인체에 대한 지식을 수련과 연관하여 발전시키고 이것을 수련생들에게 펴야 한다.

많은 천수체들도 지상에 태어날 때는 불균형을 내재한 상태로 오게 되므로 이러한 불균형을 정상화할 수 있도록 도움을 주는 것은 수련의 선배로서 할 수 있는 가장 값진 일 중의 하나가 될 것이다.

육신의 균형을 찾아 질병으로부터 벗어날 수 있도록 하는 것은 자신의 업보로부터의 탈출을 겸한 것으로서 수련의 기초 및 진행 단계에서 가장 중요한 일인 것이다.

방향 7 불균형에서 균형으로의 진화

수련의 요체는 불균형에서 균형으로의 진화이다.

인간이 원래 가지고 있는 불균형을 완화시켜 균형으로 가는 것이 수련인 것이다. 불균형은 우주의 만물이 대부분 내포하고 있는 문제점이며, 균형은 우주의 만물이 가장 원하고 있는 지향점이다. 생물이라고 해서 의견이 있고 무생물이라고 해서 의견이 없는 것이 아니다.

모든 의견이 모여서 종합적인 의견이 수렴되는 것이며, 이러한 종합적인 의견이 해당 계의 진행 방향을 결정하는 것이다. 이러한 의견이 불균형상태에 있을 때 모든 사태는 불균형상태로 진행되는 것이며, 균형상태에 있을 때 모든 사태는 균형상태로 진행되는 것이다.

수련생들은 불균형을 균형상태로 이끄는 역할을 담당하여야 하며, 이러한 균형상태로의 진행을 위해서는 자신이 먼저 균형상태를 이루어야 한다. 균형상태를 이루기 위해서는 자신의 내부에 존재하는 기적 상태가 균형을 이루어야 한다.

균형이란 음양의 균형과 오행의 균형을 말함인바 음양의 균형이란 남녀간의 균형을 말하며 오행의 균형이란 개개인의 내부에 존재하는 오장육부의 균형을 기반으로 하되 장차 마음의 균형까지를 이룩함을 말한다.

인간의 내적인 균형은 육체적인 균형을 시초로 하되 점차적으로 마음의 균형을 이루어 나가는 것으로서 이러한 균형상태를 이룸으로 인하여 정신적으로 깊은 안정상태를 이루게 되며 이러한 균형상태가 바로 선인의 파장을 받아들일 수 있는 조건이 되는 것이다.

즉 우주의 파장은 균형파장이며, 어느 쪽으로도 치우치지 않는 파장이다. 이러한 균형의 파장은 수련생들이 균형의 파장을 받을 수 있는 조건을 갖춤으로써만이 진화에 동참하도록 프로그램되어 있는 것이다.

어떠한 파장이든 항상 자신과 동일한 파장에 동조하도록 되어 있으며, 주파수가 다른 파장과는 동조가 불가능하므로 우주의 파장을 받기 위해서는 자신의 내부에 우주의 파장을 받을 수 있는 안테나를 가지고 있어야 하는 것이다.

이것은 우주의 기운을 받는 안테나와는 기능이 다른 것으로서 그 기운이 원료라면 이 안테나는 원료를 가지고 제작한 산물인 것이다.

우주에 접근하는 방법 중 가장 신속하고 정확한 방법이 바로 이러한 균형상태를 통한 선인화이며, 이러한 선인화는 그 성취는 물론 유지에 드는 힘겨움이 비교적 적은 방법인 것이다.

이렇게 되기 위해서는 수선재에 입회 시 스승이 설치해 준 안테나로부터 들어오는 기운을 받아들임에 소홀함이 없어야 하며, 수기(受氣)에 있어서도 자신의 내부에서 우주의 기운을 받아들일 수 있는 기반을 갖추어야 하는 것이다.

이 기반은 바로 평정을 이룬 마음이며, 이 마음을 기초로 하여 수련이 진행되는 것이다.

방향 8 마음을 안정시키는 2가지 방법

수련에 들었으나 마음이 안정되지 않을 때에는 마음이 안정되도록 노력하여야 한다. 몸의 변화로 마음을 안정시킬 수도 있으며, 마음의 안정을 통하여 몸의 편안함을 구할 수도 있으며, 이 두 가지 방법을 동시에 사용하는 것도 가능하다.

첫째는 몸을 사용하여 마음을 편히 하는 방법으로서 초기 수련생들에게 적합한 방법이며, 두 번째는 마음을 사용하여 몸을 편안케 하는 것으로서 마음에 대하여 이미 알고 있는 수련생들이 할 수 있는 방법이다.

첫째는 수련을 막 시작한 수련생들로부터 중간 정도의 경지에 도달하였으나 아직 하늘의 단계를 넘지 못하여 마음의 갈등이 심한 수련생들이 사용할 수 있으며, 둘째는 중급 이상의 수련생들이 사용 가능하다.

몸을 편히 하여 마음을 다스리는 방법을 살펴보면
1. 천천히 호흡을 한다.
2. 호흡으로 인해 움직이고 있는 단전 부위에 집중한다.
3. 단전부위의 움직임을 가급적 천천히 하면서 해당부위에서 의식이 떠나

지 않도록 한다.
4. 단전부위에 집중하였음에도 계속 마음이 가라앉지 않으면 단전으로부터 직하방으로 발아래 20cm정도에 마음을 집중한다.
5. 천천히 호흡을 하면서 마음을 이곳에 집중하면 서서히 마음이 가라앉는다.
6. 가라앉은 마음으로 호흡을 하여 흥분이 완전히 가라앉았을 때 마음의 집중장소를 천천히 단전으로 올린다.
7. 단전으로 올린 후 다시 흥분이 되면 다시 내리고 흥분이 가라앉으면 다시 올린다. 올리고 내리는 경로는 앉아 있을 때에도 서 있을 때를 상상하면서 내리고 올린다.
8. 마음에 흥분상태가 계속되면 집중부위를 계속 발 아래로 한 채 그대로 둔다. 자신의 마음에 미동도 없을 때 올리도록 하며, 다시 흥분할 가능성이 있으면 올리지 않도록 한다.
9. 단전의 움직임이 편안해 지면 그 편안함을 온 몸으로 확대시켜 느껴보도록 한다.
10. 마음이 안정된 이후에도 계속 단전부위의 움직임에 집중한다.
11. 호흡 종료 시 단전은 물론 자신의 전신에 형성된 기운을 단전으로 모은 후 단전내부에서도 기운의 움직임이 없을 만큼 고요히 되었을 때 수공하고 마무리한다.

마음을 편히 하여 몸을 다스리는 방법은

1. 단전으로 호흡을 하면서 단전이 하는 호흡에 집중한다. 호흡을 코로 하지 않고 단전으로 한다.
2. 호흡의 길이를 늘려 파장을 낮춘다.
3. 낮춘 파장을 지속적으로 유지한다.
4. 단전에 조성된 기운을 바탕으로 하여 우주기운을 받아 자신의 기운과 합한다.
5. 마무리하는 과정은 첫 번째 방법 중 11번과 동일하다.

방향 9 무심은 선인화의 첩경

균형이란 한 가운데를 의미한다. 한 가운데는 흔들림이 거의 없으며, 주변부로 갈수록 바빠지는 것이다. 균형이란 바로 중심의 다른 표현이며, 따라서 어느 쪽으로도 치우침이 없고 흔들림이 없는 가운데 인간의 마음에 복을 불러들이는 역할을 하고 있는 것이다. 마음이 평온한 사람의 얼굴을 보면 복이 깃들어 있음을 알 수 있다.

마음에 균형이 잡혔다고 함은 바로 모든 사안에 대하여 정상적인 시각을 가지고 바라볼 수 있음을 의미하는 것이며, 정상적인 시각을 가지고 바라볼 수 있음은 오차가 없음을 뜻하는 것이다.

오차가 없음은 에너지의 낭비가 없어 정확하게 멀리 갈 수 있음을 의미하며, 이러한 균형상태에서 이루어지는 모든 것들은 완벽에 가까울 수밖에 없는 것이다.

선인이란 바로 이 균형을 이룩한 사람이자 따라서 완성된 사람이므로 이러한 사람의 파장은 온건하게 나타나도록 되어 있다.

균형을 갖추지 못한 사람이 바로 수련생이며, 균형을 갖추었다면 이미 수련생이 아닌 것이다. 균형은 그 자체가 완성으로서 더 이상 그 무엇을 받아들임 보다 이제는 자신의 파장에서 나오는 절대의 힘만 나누어 줄 수 있음을 뜻하는 것이다.

인간이 불균형상태로 태어나 균형에 가까워지려 함은 그것이 바로 수련을 하려는 의지가 있음을 말해주는 것이며, 수련의 진행사항은 불균형이 균형에 가까워지는 정도인 것이다.

완전균형은 바로 더 이상 대적할 상대가 없는 무파장이며 이 대역에 도달하면 전혀 파장을 내보내는 법이 없어 천하제일의 능력을 가진 귀신도 그 존재를 확인함이 불가능하다.

허나 무파장 대역의 선인들은 세상의 어떠한 움직임도 읽어내지 못함이 없으므로 불균형으로 인한 모든 문제점에 대한 대책까지도 알고 있어 전지전능한 "선인"이 될 수밖에 없는 것이다.

수련 중 명상 시에 나타나는 α파 중에서 가장 낮은 $\alpha 1$은 완전균형상태의 파장을 내포하고 있어 이 파장 대역에서는 자연스레 인체의 문제점이 자각되고 자각된 문제점에 대한 대응작용이 일어나므로 현대의 모든 불치병들까지도 명상으로 치유가 가능한 근거가 되는 것이다.

인간의 노력으로 무파장 대역에 도달할 수 있다면 치유가 불가능한 질병이 없으나 이러한 결과는 모든 수련이 완료된 이후에 가능한 것이며, 인간으로서 수련중인 경우에는 무파장 대역으로의 진입이 용이하지 않다.

허나 명상에 들어 잠시 무파장을 경험하는 것은 가능하니 그것만으로도 많은 힘이 되는 것이다. 불균형상태인 인간의 몸으로 경험할 수 있는 것이며 무파장의 힘을 경험한다 함은 바로 우주를 체감하는 방법이니 무심으로 들어야 하는 이유는 이 길이 바로 선인화의 첩경이기 때문이다.

방향 10 파장을 통한 진화

인간의 일은 인간의 일이요, 하늘의 일은 하늘의 일이다. 인간의 일은 하늘의 일이 될 수 없으며, 하늘의 일은 인간의 일이 될 수 없다. 허나 이러한 경계를 넘어 인간이 하늘이 될 수 있는 길이 있으니 바로 파장을 통한 진화이다.

파장은 우주의 근본이자 언어이며 우주를 관리하는 도구이기도 한 것이다. 이러한 파장은 각계(各界)의 필요성에 의해 구성되어 있으며, 따라서 각 계가 사용하는 파장이 다른 것이다.

이러한 파장의 구분은 우주가 구성된 단계를 말해주고 있는 것으로서 인간의 근본적인 진화는 과학을 통해서가 아니라 파장을 통해서 이루어지는 것이다.

파장은 진동이며, 단계별로 정해진 나름의 진동을 통해 모든 것이 전달되도록 구성되어 있는 것이다.

파장은 만물과 대화가 가능한 방법이며, 만물을 조정할 수 있는 수단이고, 만물을 통하여 우주와 직결될 수 있는 통로인 것이다.

따라서 파장의 진화에 따라 인간이 하늘이 되고 우주가 되는 것이며, 이러한 경로를 통해 인간이 하늘이 되고 우주가 될 수 있는 것이다.

인간이 우주시대에 대비하기 위해서는 파장을 통한 진화를 이룩하여 선인이 되는 것이 가장 완벽한 방법이다. 인간으로서 최상의 진화는 바로 하늘의 단계를 넘어 우주가 되는 것이며, 우주가 된다 함은 바로 선인이 됨을 일컫는 것이다.

선인은 온 우주에서 가장 완성된 모습으로서 인간뿐 아니라 온 우주에 존재하는 인간보다 수십만 년 이상 진화한 타 성단의 우주인들조차도 바라마지 않는 최종 목표로서 인간이 선인이 된다함은 시골 초등학교의 학생이 하버드의 교수가 되는 것 이상의 도약이 되는 것이다.

우주에는 수많은 진화를 하여 더 이상 물질적으로는 진화할 여지가 없는 존재들이 수없이 많다. 이들은 호흡조차도 파장으로 하므로 더 이상 산소나 공기의 존재에 영향받지 않으며 파장 자체가 에너지가 되므로 어떠한 곳에서도 생존과 진화의 문제가 발생치 않는다.

파장은 에너지이자 존재방식이며, 이 파장을 통하여 이동하므로 우주의 어느 곳으로도 순식간에 이동이 가능한 것이며 현재까지 물질적인 부분에 적용되는 법칙이 이들에게는 적용되지 않는 것이다. 이들이 진화한 이유는 파장의 원리에 접근하여 그 힘을 이용할 수 있는 권한을 부여받음에 있다.

우주는 자체에 지닌 무한한 파장의 힘을 사용할 수 있는 권리를 사용할 수 있는 능력을 가진 자에게 부여한다.

방향 11 진화를 위해 준비된 별

지구는 이미 진화한 영장류들이 존재하는 곳이 아니라 진화를 위하여 준비된 별이며 인간은 진화중인 개체이다. 우주에서 지구의 여건만큼 진화에 적합한 환경이 없으며, 지구만큼 진화가 빠른 별이 없다.

지구는 어떠한 물질이든 반드시 일정한 시간을 두고 생성과 소멸을 거듭하도록 설계되었으며, 이러한 사이클을 이용하여 진화가 가능하도록 되어 있다.

이러한 점은 수련에도 그대로 적용되는 것이며, 따라서 지구에 환생한 인류는 천종(天種)으로서 주어진 여건을 100% 활용할 가능성이 그만큼 높은 것이다.

우선 인간이 다른 별의 생명체와 달리 산소로만 호흡을 한다. 산소로만 호흡이 가능하다 함은 산화작용을 통하여서만이 존재가 가능함을 말해주는 것이다.

산화란 그 자체가 바로 소멸이자 생성의 원동력이며, 순환의 과정이다. 이 우주에서 산소란 특정조건에서만 존재하는 것이며, 따라서 산소를 위주로 호흡을 하는 생물체의 경우 타별로의 이동이 결코 쉽지 않다.

인간의 경우 이러한 방법을 사용하도록 된 이유는 진화를 위한 동력을 발생시키기 위하여 외부의 열을 필요로 하기 때문이다. 열의 섭취는 열을 내재한 물체를 필요로 하며, 이러한 물체들은 자신이 받은 열을 다양한 형태로 보관하고 있는 것들이다.

이렇게 다양한 형태로 보관중인 열을 섭취하여야 만이 생존할 수 있는 동물이 바로 인간 등 지구의 생물체인 것이다. 이 열은 다양한 형태의 진화를 가능하게 하는 원동력이다. 모든 물체의 분해와 소멸, 그리고 재생의 원동력이 바로 이 열인 것이다.

극저온이 지속되는 별에서도 생명체의 생존은 가능하다. 지구에서 무척 춥다고 하는 영하 50도 정도는 우주에서는 저온의 범주에 든다고 할 수 없는 온도이며, 보통 영하 수백 도에서 수천 도 정도 되어야 춥다고 할 수 있다.

이러한 별의 경우 생명체의 순환주기가 상상이상으로 길어 상당히 오랜 기간을 버티는 대신 진화의 속도 역시 우리가 상상할 수 없을 만큼의 오랜 기간이 필요하다.

너무 고열일 경우에는 소멸속도가 너무 빨라 이 또한 진화라고 부를 수 있는 작용이 일어나기 어렵다.

인간이 존재하는 지구는 적당한 열을 이용하여 생물체가 진화 가능한 일정 시간을 적당한 열과 함께 보내도록 함으로써 다양하고 조화로운 진화가 가능한 환경을 가진 별이며, 이러한 별은 온 우주를 통틀어 흔치 않다.

지구에 태어났음을 은총으로 알아야 하는 이유는 빠르지도 늦지도 않은 적당한 시간의 흐름을 타고 가장 빠른 시일 내에 가장 완벽한 진화를 이룩할 수 있기 때문이다.

진화의 속도는 환경에 비례하는 것이니 지구의 여건이 수련에 가장 적당함을 알라.

방향 12 선배 영장류와의 교류

타별의 영장류들 중 고도로 발달된 문명을 지닌 우주인들은 질소 등 비산소 계열의 기체나 심지어는 진공 속에서도 기적인 호흡이 가능하다. 진공이라고 해도 공기가 없을 뿐 기적인 에너지가 존재하지 않는 것이 아니므로 기적인 호흡에는 전혀 지장을 받지 않는 것이다.

이러한 이유는 의념을 통하여 어디에서든 기운을 가져올 수 있으며, 어떠한 기운이든지 긍정적인 역할을 할 수 있는 기운으로 변화시킬 수 있기 때문이다.

이들은 인간처럼 특정 조건에서만 생존이 가능한 것이 아니라 다양한 기적 상태를 받아들여 내부에서 동력으로 활용하는 방법을 현실화할 수 있는 수준까지 진화하였다.

외부의 어떠한 조건이라도 수용 가능하다 함은 바로 우주에서 생존 및 진화를 위한 경쟁력의 척도이다. 우주의 일부에서만 생존이 가능한 것이 아니라 우주의 어느 곳에서도 생존이 가능함은 바로 우주의 주인으로서의 자격을 말해주는 것이다.

우주에서 기본 생활이 가능하기 위해서는 우주의 모든 조건을 수용할 수 있어야 한다. 수천도 이상의 고열과 영하 수천도 이하의 저열은 물론이고 이동이나 식생활 등이 어떠한 조건하에서도 모두 일상적인 조건의 범위에 들 수 있도록 역량의 범위가 넓어야 하며 이렇게 광대한 수용능력을 가짐으로 인하여 온 우주에서 다양한 활동과 진화가 보장될 수 있는 것이다.

지구인이 지구에서 아무런 보조장치 없이 생존과 진화가 가능하듯 우주인이란 우주에서 아무 도움이 없는 상태에서도 기본 생활이 가능하여야 하며, 그렇지 않고 온갖 보조기구를 동원하여 우주를 살짝 엿본 정도로서는 우주의 객체일 뿐 우주의 주체가 될 수 없기 때문이다.

이렇게 우주의 모든 여건을 자신의 생활범위에 넣고 있음은 바로 우주의 일원으로서 자신이 일정한 역할을 담당할 수 있음을 말한다.

이러한 능력은 선계에서도 인정하는 바로서 인간보다 오랜 기간 진화하여 온 선배 영장류들이 우주에서 상당부분의 업무를 담당하여 온 것은 이러한 능력에 힘입은 바가 큰 것이다.

우주에서 인간의 힘으로 가능한 부분이 있기는 하나 인간의 힘만으로는 불가능한 것들이 대부분이며, 이러한 부분을 현실화하기 위해서는 우리에게 우호적인 생각을 가진 외계 인류나 선인들의 도움이 필요하다.

선배란 우선 인간에 가까운 우주인류요, 그 다음이 선인이다. 타별의 선배 영장류와 통할 수 있는 방법은 파장이요, 선인에게 의사를 전달할 수 있는 방법 역시 파장을 통하여 교류가 가능한 기적인 통로를 만드는 것이다.

인간들이 이러한 영장류 선배들의 생활방식을 따라가지 않는다면 앞으로 우주에서 물리적으로 성장하여 다양한 활동을 펴는 것은 불가능하다.

방향 13 수련의 승수효과, 동참

우주란 넓고도 넓어 인간의 역량 정도로 어떠한 일을 한다는 것은 불가능하며, 지상에서도 인간의 역량으로 할 수 있는 일은 무척 제한되는 것이기 때문이다.

수련생들은 인간이 할 수 있는 일과 하여야 할 일을 정확히 구분하고 이 중에서 먼저 하여야 할 일과 나중에 하여야 할 일을 결정하며, 이러한 스케줄을 어떻게 다양한 외부의 원인들과 조화시킬 것인가를 연구하여야 한다.

이러한 일은 우주의 구조에 대한 근본적인 이해가 없이는 불가한 것이며, 우주에 대한 근본적인 이해를 갖기 위해서는 우주를 알지 못하고는 될 수 없다. 우주를 안다 함은 우주를 경험해 보지 않고는 불가능한 것이며, 인간으로서 지상에서 우주를 경험하는 방법은 바로 호흡이다.

이 호흡만이 우주를 경험하고 우주와 일체가 되도록 할 수 있으며 따라서 인간이 선인의 반열에 오르기 위한 유일한 방법이다. 호흡이란 인간에게 주어진 가장 큰 혜택이며 생존을 위한 유일한 방법이기도 하다.

호흡은 다양한 외적 요소를 받아들이고 이를 통하여 체내에서 일정한 기운을 양성하며 양성된 기운을 가지고 열을 발생시켜 선인의 길을 갈 수 있는 진화에 이용하는 가장 우선적인 방법인 것이다. 동물은 탈피 등의 방법으로 진화를 하고 있으나 인간은 육신의 변화로는 불가능하며 따라서 영적인 진화방법만을 사용할 수 있다.

이러한 정신적 진화는 정신이 한 단계를 넘어서 완전히 다른 단계로 진입하였을 때 가능한 것이며, 이러한 다른 단계로의 진입은 각고의 노력으로 자신을 변화시킬 때 가능한 것이다.

호흡은 이러한 각고의 노력을 하늘에 전달하는 수단이며, 방법인 것이다. 호흡수련이란 호흡의 힘으로 자신의 몸에 혼재되어 있는 기존의 기적 기록을 다양한 방법을 통하여 분리하고 나머지 순수한 기운으로 자신을 승화시키는 방법이다.

우리보다 앞서 지상에 존재하였던 선인들은 호흡수련을 통하여 다양한 방법으로 우주에 접근하였던 것이며 우주선에 흐르는 기운을 안테나를 통하여 받아들임으로써 우주에 흐르는 기운을 자신의 것으로 하였던 것이다.

이 수련과정에서 가장 중요한 것은 생각을 어떻게 하고 호흡을 어떻게 하는가 하는 것이다. 그리고 이렇게 해서 구해진 결과를 어떻게 공유하느냐 하는 것이다.

힘이란 모임으로써 생각지 못했던 승수(乘數: 곱셈에서 어떤 수에 곱하는 수)효과를 거둘 수 있는 것이며, 이러한 승수효과는 선계 수련의 경우 더욱 큰 위력을 발휘할 수 있는 것이다.

선계수련에서 나만 잘하면 된다는 것이 어려운 것은 바로 이러한 이유이며, 따라서 많은 사람들의 동참을 유도하는 것이 중요한 이유가 되는 것이다.

방향 14 수련의 요체는 정심

수련에서 가장 중요한 것은 정심(正心)이다. 이 정심은 마음을 바로 씀으로써 모든 사안에 대하여 정확한 판단을 내릴 수 있도록 하여 주며, 이것이 바로 모든 일에 대하여 올바른 해답을 구할 수 있는 기반이 되는 것이다.

수련생에게 있어 초기의 정심에 대한 의지는 자신의 마음이 행하고 싶은 바를 억지로 하지 않기 위하여 많은 노력을 수반하여야 하므로 이 고달픔을 피하기 위하여 수련 자체를 포기하고 편안한 일생을 보내고자 하는 유혹에 휩싸이는 경우가 많다.

따라서 무리하여 수련을 하려 하기보다는 호흡의 맛을 알도록 함으로써 호흡을 통하여 저절로 수련에 든다면 큰 무리 없이 정심으로 들 수 있는 것이다.

호흡은 원만치 못한 자신을 가다듬는 길이며, 위험으로부터 자신을 보호하는 길이고, 유혹으로부터 자신을 벗어나게 하는 방법인 것이다.

이 호흡을 통하여 자신의 기운을 조화시키고 조화된 기운을 통하여 정심으로 다가서는 것은 가장 쉬운 방법이면서도 가장 위험한 면이 동시에 존재한다.

쉬운 방법이라 함은 평소 매일 하고 있는 호흡을 통하여 수련을 한다는 것이다. 위험한 면이란 자신의 기운을 통제할 정신적 기반이 없는 상태에서 호흡으로 생성된 기운이 체내에 존재할 때 스스로 기운에 다치는 경우가 발생할 수 있다는 것이다.

이러한 위험을 사전에 예방하는 길은 바로 호흡으로 마음을 가라앉히는 것인바 정심의 기반이 형성된 상태에서 기운이 결집되는 것은 많을수록 좋은 것이나 정심이 되지 않은 상태에서 기운이 결집된다면 그 기운이 오히려 해악을 끼치게 되는 것이다.

정심이란 바로 상근기가 되는 지름길이며, 수련을 마무리하여 선인이 될 수 있는 주춧돌이 되는 것이다. 이러한 정심은 그냥 얻어지는 것은 아니며, 수많은 노력으로 이루어져야 하는바 이 노력의 핵은 바로 호흡이다.

호흡의 속도를 점차로 늦추어 파장을 낮춘다 함은 바로 자신의 마음을 정심으로 만들어 나가는 것이며, 낮아진 파장으로 인하여 사리분별이 정확하여 모든 일에 실수가 없어지게 되는 것이다.

호흡에 마음을 묶어 함께 가도록 하면서 양자의 폭과 굵기가 점차로 굵어지는 방법은 바로 집중이니 호흡에서 마음이 떠서 집중을 놓치는 일이 없도록 하라. 정심은 호흡에서 시작하는 것이 가장 굳건한 것이니라. (끝)

2

스승은 자신을 버려 제자를 구하시는 분

스승은 자신을 버려 제자를 구하시는 분

사람이 사람 노릇을 할 수 있는 것은 사람이 되어야 가능하다. 사람이 된다 함은 사람으로서의 형태를 갖추는 것으로 가능한 것이 아니며, 사람으로서의 마음이 있어야 사람이라고 할 수 있다.

선계에서 보는 사람은 사람의 몸의 형태가 아니라 마음인 것이다. 태초에 태어날 때는 사람의 마음을 가지고 태어나나 점차 자신의 포자에 배태된 습이 발현되면서 예전의 자신의 모습으로 회귀하려는 습이 나타난다.

이 습에서 탈피하여 본래의 자신의 모습 즉 본성으로 돌아가는 길은 반드시 자신이 걸어온 길을 다시 거치면서 가야 하는 것이니 이것을 바로 업의 해소라고 하는 것이다.

우리가 출발했던 원점으로 돌아가기 위해서는 지금까지 걸었던 그 길을 되돌아가야 하는 것과 같다. 그 길을 걸어오면서 술을 먹고 외상값을 내지 않았던 일들, 남을 비웃은 일 등 잘못했던 일들에 대하여 되돌아가면서 갚고 사과함으로써 모든 것을 복구하는 것이 바로 업장 해소인 것이며, 이 업장 해소야말로 수련에 있어 자신의 무거운 것들을 버리는 지름길인 것이다.

이 길은 반드시 그 길을 따라서 걷지 않고는 복귀가 불가하나 자신에 대한 깨달음이 있다면 그 길을 힘겹지 않게 돌아갈 수도 있다. 수련으로 인한 기운의 중화가 기존의 업까지도 중화시키는 기능을 수행함으로써 모든 것이 편안한 원래의 상태로 돌아가게 되는 것이다.

이 길은 모두 자신의 바로 옆에 두고 있으나 대부분의 중생들이 다른 곳에서 찾고 있으니 타종교로서는 불가한 이유가 바로 여기에 있는 것이다.

도란 멀리 있는 것이 아니고 내 바로 안에, 내 바로 옆에 있는 것이나 그것이 어디에 있는지를 몰라 다른 업을 지으며 살아가는 것이 바로 중생들이고 이 중생들에게 돌아갈 수 있는 길을 제시해주는 것이 바로 스승인 것이다.

스승의 입장에서는 제자를 가르치는 것이 또한 업이 될 수 있다. 중생들이 휩쓸려 가는 것을 본성의 방향으로 돌림으로써 이들이 겪을 고초를 줄여 주는 것은 좋으나 이러한 과정에서 제자들이 본성으로 돌아가지 못하고 금생에 자신이 겪어야 할 일들마저도 겪지 못한다면 이것이 스승의 짐이 되는 것이다.

따라서 스승은 전체 수련생들의 짐을 함께 지고자 하는 각오 없이 할 수 있는 일이 아니며 진정 스승으로서의 역할을 하려면 한 사람의 제자도 제대로 가르침이 어려운 것이다.

수련지도란 스승이 선계에 자신을 버릴 수 있음에 대한 각서를 쓰고 행하는 것임을 제자들은 명심하라. 스승은 대접받는 자리가 아니며, 제자들에게 본성을 알려줌으로써 우주의 진화를 돕기 위하여 자신을 불태우는 자리인 것이다.

우주에서는 스승의 위치가 너무나 확고하여 별도의 날을 정하여 기념함이 우스운 것이나 지구에서는 인간의 수련 과정에서 다양한 문제가 발생하고 이것이 서열과 상하를 혼동시키고 있어 순서와 상하의 구별을 확실히 하기 위하여 만든 것이다.

스승은 자신이 걸어 온 길을 돌아가기 위한 안내자로서의 역할을 다하는 것이며 스승이 없으면 미망에서 허덕일 뿐이니 스승의 날을 맞아 세 스승 즉 "우주"와 "수선재의 스승"과 "자신의 본성"을 향하여 삼배를 함으로써 이후 자신의 길을 찾아감에 실수가 없도록 하라.

모든 스승은 자신을 버려 제자를 구하는 일을 하는 사람들이다.

(2002년 스승의 날 천서)

스승의 날의 의미

선계공부에 있어 가고자 하는 곳은 바로 선계이다. 이 선계는 각각의 수련생과 아무런 걸림이 없이 직결되는 것이며, 중간에 어떠한 장애도 있어서는 안 되는 것이다.

현재까지 기계(氣界)의 여러 선생들이 우주의 진리 중 일부를 보았다는 이유만으로 자신을 신격화하여 수련생이 우주로 보내는 정성의 상당부분을 가로채 왔다. 허나 어찌 우주를 알았다는 사실만으로 인간이 절대자의 위치에 설 수 있을 것인가?

수련에 든 그 누구도 지구에서 인간의 몸으로 있는 동안은 벗어날 수 없는 한계가 있는 것이며, 이 한계는 인간의 몸을 벗고 지구를 벗어난 후에야 극복되는 것이다.

수련지도의 목적은 바로 영생의 기간에 영생의 장소에 갈 수 있는 필요한 지식과 그곳에 간 이후의 행동요령을 배우는 것이다. 대충 일생을 살아가다가는 본래의 자신을 찾지 못하고 방황의 윤회를 하게 되므로 이 수련을 통하여 본래의 자신을 찾아 고해에서의 공부를 끝내고 영생의 기간으로 들어가도록 하고자 하는 것이다.

수선재의 수련생들은 스승의 날을 맞이하여 선계로의 인도자인 선생보다는 이 세상의 참된 스승 즉 우주만물에 대하여 감사하는 경건한 마음을 가질 것.

이러한 마음은 항상 가지고 있어야 하는 것이나 특히 하루 정도는 현재의 자신과 본래의 자신 그리고 선후배 도반들과 온갖 중생 및 미물들에게까지 감사의 마음으로 지낼 것을 권장한다.

수선재에서 스승이 앞으로 나서지 않고자 함은 수련생들이 달을 가리키는 손가락을 보지 않고 달을 볼 수 있도록 하고자 함이니 본연의 가르침이 어떠한 것이며 그 가르침을 받들어 모시는 자세는 어떠한 것인가를 생각해 보도록 할 것.

참된 스승의 모습은 온 우주에 존재하는 것이며 먼지 한 알에도 진리가 담겨 있는 것이다. 이러한 참된 진리를 보기 위해서는 앞을 가리는 어떠한 존재도 방해가 되는 것이며 절대시하는 그 누구도 진정 본래의 자신을 찾아감에는 방해가 될 수밖에 없는 것이다.

따라서 스승의 날을 맞이하여 스승이 대접을 받지 않고자 함은 바로 진정한 스승을 볼 수 있는 눈을 가지라는 높은 뜻이 있음을 명심하고 스승의 날에 스승을 기리는 어떠한 행사도 없는 것이 바로 이러한 뜻을 고이 간직함으로써 참된 공부가 될 수 있도록 함에 그 진정한 의미가 있는 것이다.

인도자의 의미가 절대적인 이유는 인도자의 역할이 바로 인도해 나가는 그곳까지 수련생들이 도착하도록 함에 있으니 이 어찌 기특하고 중요한 일이 아닐 것인가?

수련생들은 우주의 큰 뜻을 실천함이 어찌해야 하는지 가슴에 새길 수 있도록 할 것. 스승의 날을 축하한다.

스승이라는 역할은 선계의 사명

문선생의 경우 금생에 너무나 많은 공부를 하여 왔다. 이 공부의 내용을 알아 본 많은 천수체들이 문선생의 주변에 모여들어 공부를 시작하였으며 이 공부가 결실을 맺을 수 있는 단계에 이르렀다.

공부란 반드시 많은 것을 하여야 하는 것은 아니며, 하나를 하여도 확실한 과정을 거쳐야 한다. 확실한 과정이란 바로 스승을 제대로 만나 정확한 방법을 전수 받음으로써 이 길을 바로 갈 수 있어야 한다는 것이다. "바로 간다" 함은 하늘을 보고 하늘의 방향으로 갈 수 있어야 하며, 하늘의 방향을 통하여 우주로 갈 수 있어야 한다는 것이다.

인간이 모두 인간이 아니며, 겉으로는 동일한 인간의 모습이나 속으로 들어가 보면 동물의 모습을 한 경우도 있고, 선인의 모습을 한 경우도 있다. 이러한 다양성은 모든 인간들이 각기 자신의 공부를 하는 과정이 다름에 있다.

천인천태의 공부과정은 어느 누구를 막론하고 한 사람도 동일한 경우가 없음을 말해주는 것이며 이러한 공부의 모양이 다르다는 것 자체가 바로 하나의 교재로서의 의미를 지니는 것이다.

따라서 공부를 함에 있어 늦게 늦게 가다가 마지막 한 순간에 도달하는 경우도 있으며, 서둘러 가서 먼저 도착하여 뒤를 살펴주는 경우도 있다. 또한 먼저 가는 듯 보였으나 결국은 도달하지 못하는 사람도 있으며, 늦게 가는 듯 보였으나 실제로는 빨리 도착하는 경우도 있다.

문선생의 경우 상당히 급속한 속도와 진도를 기록하였으며 이 과정에서 얻은 결실이 지구에 "수선재"라는 이름으로 뿌리내리는 결과를 가져왔다. 이러한 결실은 선인으로서 상당히 중요한 것이며 이 중요성은 하늘에 등재되고 인간세상을 밝게 하는 큰 매체가 될 것이다.

문선생의 제자들은 이 공부가 쉽게 할 수 있는 것은 아니나 문선생을 따라 열심히 한다면 금생에 충분히 공부를 끝낼 수 있다. 고3생이 치열한 노력 끝에 수능 성적으로 결실을 확인하듯 공부란 어려운 과정을 겪으면서 그 결과를 인정받는 것이니 만큼 이 선계공부에 있어 길을 알려주는 역할은 무엇보다 중요한 것이다.

이 중요한 역할은 아무나 하고 싶다고 할 수 있는 것이 아니요, 하기 싫다고 벗어날 수 있는 것도 아니다. 재질이 안되면 원해도 안 되는 것이요, 재질이 되면 하기 싫어도 하여야 하는 것이 선계의 역할이며 사명인 것이다.

문선생의 재질은 선계에서도 상상품으로서 그 누구도 부정할 수 없는 "맑음"을 부여받아 왔다. 이 맑음은 그 자체가 바로 선계이며, 이미 도달한 선계의 맥을 인간의 몸으로 펴고 있는 것이다.

문선생은 선생이므로 인하여 반드시 하여야 할 일이 있다.

그 첫째는 "인간의 기준"으로 선계의 뜻을 펴는 것이다.
지상에서 선계의 뜻을 편 것에 대한 채점은 그 결과가 인간에게 미치는 영향을 기준으로 하므로 인간의 기준으로 평가받는 것이다. 선계의 모든 요구사항 중 인간에게 적합한 결과를 가지고 수련진도를 점검하는 것이니 모든 과정과 결과가 인간에게 적합하여야 하는 것이다.

둘째, 판단에 있어 가림이 없어야 한다.
즉 모든 수련생을 편애하는 마음가짐을 가지지 않아야 하는 것이다. 선생이 편애하지 않아도 하늘이 알아서 평가하며, 이 평가에 의해 그 결과가 주어지는 것이다. 선생에게는 모두가 소중한 제자인 것이다. 어느 제자를 막론하고 사랑으로 감싸 안도록 하라.

셋째, 수련생의 판단을 소중히 하여야 한다.
수련생 개개인의 판단이 이미 자신의 뜻을 가지고 하는 것이니 그 뜻이 바로 선계의 뜻인 경우가 생길 단계에 이르렀다. 수련생 중 선계의 뜻을 실천하고 있는 수련생이 있다면 그 뜻을 소중히 살릴 수 있어야 하는 것이다. 점차 선계의 뜻을 파악하여 실천하는 수련생들이 나타날 것인 즉 이들에 대한 분별로 선계의 뜻이 살아 있을 수 있도록 하라.

넷째, 자신의 건강을 살펴라.

선생은 홀로 가는 것이 아니다. 선생은 자신이 수선재의 기둥으로서 역할을 감당할 수 있어야 하는 것이며, 따라서 무엇보다 자신의 몸을 살펴 금생에 보다 많은 수련생들을 선계로 인도할 수 있어야 하는 것이다.

자신을 버려 타인을 구하는 것은 선계수련에서는 해당되지 않는 것이다. 자신을 구하고 나서 타인을 구하는 것이 수선재의 모든 구성원이 하여야 할 바인 것이다. 이 점은 타종교와 다른 점이 될 수 있으나 자신을 구하지 못하는 수련생은 타인을 구한다고 해도 그 의미가 없는 것이다.

다섯째, 수련생 가족과 주변 사람들까지 행복할 수 있도록 하라.

수련이란 이 수련의 주변부를 에워싸고 있는 모든 사람들까지 행복해져야 하며 이 행복의 파장이 그 주변으로 확산될 수 있어야 한다. 이 수련으로 인하여 수련생 자신이 마음의 풍족함과 여유를 가질 수 있도록 되어야 하며 이러한 결과에 의해 수련생의 가족들도 모두 마음의 여유와 미래에 대한 기대를 가질 수 있도록 인도하여야 한다.

그럼으로써 이들이 전부 수련을 할 수 있고, 이러한 모습을 통하여 다른 사람들이 모두 함께 우주의 진리가 인간세상으로 배어 들어갈 수 있는 길 (道)이 되어야 한다.

여섯째, 수련을 펴는 과정에서의 가혹함을 슬기롭게 겪어 넘길 수 있어야 한다.

수련이란 결코 쉬운 것이 아니다. 하물며 쉽지 않은 수련을 인간세상을 향하여 펴는 것은 더욱 쉽지 않은 것이다. 쉬운 것이 아니므로 그 의미가 있는 것이며 천수체란 쉽지 않은 과정을 받아들여 소화할 수 있는 인내심을 가지고 태어난 인간들인 것이다.

따라서 천수체의 DNA는 그 구조가 보통의 인간과 다른 것이며, 하늘의 뜻을 받아들여 이것을 꽃피우고 널리 펼 수 있는 이유가 되는 것이다.

일곱째, 천수체들이 지켜야 할 국제적인 생활규범을 제정하여 이러한 것을 교육하고 실천할 수 있도록 할 것.

천수체다운 가장 엄한 가정교육과 사회교육을 실시함으로써 천수체의 자녀들이 자신의 DNA의 잠재적 우수성을 알 수 있도록 개발하여야 한다. 천수체의 씨앗은 엄한 가정 및 수련교육을 통하여 보다 쉽게 개발될 것이다.

선계의 많은 선인들이 이끌어 가는 수선재는 문선생으로 하여금 수련생들의 전 생(生)을 통틀어 가장 큰 의미가 되는 것이다. 선인의 생일을 축하하며 앞으로 제자들과 더불어 많은 업적을 남길 수 있도록 자신을 더욱 정비할 것을 간곡히 부탁한다.

(52회 생일축하 천서)

우주의 존재를 자각하는 시점

문선생의 생일을 축하한다. 인간의 생일이라 함은 천시(天時)와 지시(地時)가 인시(人時)와 조화되는 시간에 있는 것이다. 인간의 생년월일을 기재한 사주 역시 이러한 기반을 가지고 있으므로 천시와 지시의 조화에서 벗어날 수 없는 것이며, 정확히 알려면 인간의 사주에 시각을 기록한 8주(八住)를 기록하여야 모든 것을 정확히 알 수 있는 것이다.

허나 인간의 사주를 정확히 안다고 해서 모든 것이 밝혀지지 않는 것은 인시 즉 사람에 의해 변화되는 부분이 정해지지 않은 까닭이다. 인간 스스로의 뜻이 없으면 천시와 지시에 의해 생존하게 되므로 사주 그대로 살아가는 것이나 인시가 개입되면 자체의 틀이 달라지는 것이다.

이 중에서 가장 그 틀을 바꾸는 것은 바로 자기 자신에 의해 가능한 것인바 이것은 자신을 알고 나서부터 시작된다. 자신을 안다는 것은 모든 것의 시작이며, 또한 모든 것의 끝이기도 한 것이니 이것에 의해 인간의 삶은 전혀 다른 모습으로 바뀌는 것이다.

그러나 자신을 알아 나가는 길이 간단치 않으며, 자신을 찾고 나서도 간직하는 것이 결코 쉽지 않다. 이 모든 과정에서 지속적인 난관이 닥쳐오고 시험에 드는 것이며, 이러한 문제를 해결하였을 경우에만이 본래의 자신과 합일이 되어 선인이 되는 것이다.

선인이란 이렇게 현재의 자신과 본래의 자신이 하나가 되어 일체를 이루었을 때 가능한 것이며, 이러한 합일은 인간으로 태어나서 가질 수 있는 가장 보람있는 일 중의 하나인 것이다.

지극한 수련을 거쳐 자신을 찾아 나서는 길은 알고 나면 너무도 간단하여 그 길이 바로 옆에 있음에도 알지 못하고 있는 것으로 생각되는 것이나 길을 알지 못하면 너무도 먼 곳에 있는 것이다.

이 길을 찾아 나설 수 있도록 방향을 알려주는 역할을 하는 사람이 바로 스승이니 스승의 존재는 하늘의 존재와 다름 없는 것이다. 불교에서 부처를 지속적으로 모심은 부처가 있고 없고를 떠나서 부처가 없이는 길이 없음을 알기 때문이오, 타종교에서 그러한 역할을 하는 분이 계시는 것은 그분을 떠나서는 길을 잃음을 알기 때문이다.

수선재의 경우 깨달음의 길을 가고 있는 과정이 타종교와 같지 않으나 길을 완전히 알기까지는 스승의 인도가 필요한 것이니 스승의 가르침을 있는 그대로 받아들여 결코 어긋남이 없도록 하라.

스승의 탄생은 수련생의 입장에서는 곧 우주의 존재를 자각하는 시점이자 깨달음의 시작이니 이날을 잊지 않고 기리는 것은 모든 수련생들에게 자신의 일인 것이다.

스승으로부터 한 알의 큰 씨가 떨어졌으니 이제 제자들의 정성으로 꽃을 피울 것이다. 스승의 탄생을 축하하며 수선재의 발전을 기원한다.

(53회 생일축하 천서)

자신의 길을 갈 수 있도록

"모든 것은 하늘이 내려주는 것이다."

보통 인간의 경우와 하늘공부를 하는 인간이 다른 것은 바로 이것 때문이다. 인간의 일이 인간의 일인 것 같아도 하늘의 일이며, 하늘의 일인 것 같아도 인간의 일인 것은 바로 하늘이 내려주시기 때문인 것이다.

천종은 자신의 내부에 하늘을 가지고 있으며, 이 하늘이 원하는 바를 스스로 알아서 움직여 나가고자 함이 바로 하늘과 일체가 되는 공부과정인 것이다.

하늘은 결코 서두르지 않으며, 그냥 가는 법이 없고, 어떠한 일이든 잊어버리는 일이 없다. 하늘은 모든 것을 내려다보고 있으며, 모든 것을 기록하고 있고, 따라서 언제 어디서든지 모든 것을 알고 있다. 하늘은 모르는 것이 없으며, 판단하지 않는 일이 없고 결정하지 않는 것 같아도 결정하지 않고 넘어가는 경우가 없다.

인간진화의 마지막 단계인 "선인화"는 바로 스스로 하늘과 일체가 되는 것이며, 스스로 하늘이 된 후 다른 천종을 선인화하여 우주의 진화에 이바지하고자 하는 것이다.

선인화의 길은 먼 것 같아도 가까운 것이며, 가까운 것 같아도 먼 것이니 이 길을 가는 사람의 마음가짐에 의해 결정되는 것이다. 단순히 인간의 지혜로 라면 우주가 창조될 때부터 현재까지, 그리고 먼 미래까지의 모든 일들이 한없이 멀고도 멀어 상상이 되지 않을 것 같으나 우주의 입장에서 본다면 한낱의 불꽃놀이 한방으로 보임을 어찌 상상하여 설명할 수 있을 것이며, 그 안에서 일어나는 삼라만상의 수천억만 가지 이상 되는 모든 일들은 또한 어찌 증거를 제시할 수 있을 것인가?

이 세상의 모든 만물들이 나름의 기준을 가지고 자신의 길을 가고 있으며, 자신의 위치를 지키고 있음은 하늘이 존재하는 이유를 말해주는 것이다.

이러한 만물의 영장이라 칭하는 인간이 이들과 다른 까닭은 불필요한 욕심을 가지고 있음인데 이 불필요한 욕심을 자신을 위하고 하늘의 위하여 사용할 수 있도록 하고자 함이 바로 선인화의 길인 것이다. 선인이란 모든 것을 갖춘 사람이요, 모든 것을 아는 사람이며, 모든 것을 제 길로 가도록 하는 사람이다.

자신의 길로 가지 않는 만물을 자신의 길로 가도록 하려면 자신이 먼저 자신의 길로 가야 한다. 천종의 길은 천종만이 갈 수 있는 길이니 자신의 길을 감에 있어 망설임이 없어야 할 것이다.

문 선생은 금생에 자신을 따르는 모든 천종들을 자신의 길로 갈 수 있도록 하여야 하는 사명을 가지고 왔다. 현재 이러한 일들을 너무나 잘 하고 있으니 앞으로도 많은 수련생들이 자신의 길로 갈 수 있도록 가르침을 주도록 하라.

이 세상에서 가장 바람직한 일이 바로 만물이 자신의 자리에서 자신의 일을 할 수 있도록 하는 일인바 많은 인간들이 자신의 일이 무엇인가 모르고 가는 경우가 대부분이다.

수선재의 수련생들은 이러한 일이 없도록 마음이 가라앉은 상태에서 자신의 길을 찾아내어 갈 수 있도록 할 것이며, 스승은 이러한 일을 함에 있어 방향을 알려줄 수 있도록 하여야 한다.

자신의 길이란 자신이 그 자리에 있을 때 아주 편안하여 조금도 마음의 동요가 없는 것으로 알 수 있다. 우리는 이곳을 찾아 수련을 하고 있는 것이며, 여러 수련생들에게 이곳을 알려주고자 하는 것이다.

현재까지 문 선생은 이러한 일을 지금까지 지상에 다녀 간 어느 누구보다 잘 하고 있다. 앞으로도 중차대한 일을 차질 없이 수행하도록 하라. 다만 너무 무리하지 않도록 함을 명한다.

선탄일을 진심으로 축하한다. 우주 만물이 기뻐하고 있느니라.

(54회 생일축하 천서)

스승에게서 뿌려진 씨앗을 제자들이 키워야

문선생의 탄생으로 지구는 우주의 구성원으로서 한층 향상된 지위를 갖게 되었다.

우주에서의 알았다는 의미는 이미 그 수준의 파장을 공유한 것이 되므로 우주의 모든 것은 앎으로 인하여 진화가 되는 것이다. 이것을 실천함은 또 다른 진화가 되는 것이며 진화의 길은 무한하여 그 앎이 진행되는 한 진화 역시 계속되는 것이다.

이 진화의 마무리가 선인화이며 선인화의 시발점이 바로 호흡의 기능에 대한 새로운 앎인 것이다. 호흡으로 들어 기운을 알고 기운으로 깨달음을 얻으며 깨달음으로 자아를 완성하여 진정 우주의 일부로서 승격하는 것은 인간으로 태어난 가장 큰 보람인 것이다.

앞으로도 문선생은 인간으로서 우주의 파장을 읽어내고 그 파장을 전달하였던 수많은 선배 선인들과의 교감을 통하여 하늘과 우주의 뜻을 전달하는 일을 계속하게 될 것이다. 이러한 일을 추진함에 있어 무리할 필요는 없다.

지금까지 하늘과 우주의 뜻을 전달해 온 수선재에서 문선생은 자신이 해야 할 일의 90%를 이미 해결하였다. 이미 하늘의 기운이 지구를 덮고 있으며, 이 기운은 앞으로 점차 강해질 것이다.

우주의 중심에서 전해지는 시간은 전 우주의 가장 정확한 척도이며 이만큼 정확한 것이 없다. 우주의 시간으로 보아 수년 후에는 수선재의 기운이 놀랄 만큼 강력해 질 것이다.

아무리 좋은 것이라도 그 좋음을 모르면 소용이 없듯이 하늘의 뜻과 기운도 깊이와 넓이를 알 수 있는 사람이 얻을 수 있는 것이다. 이것을 알고 모르고는 제자들과 중생들의 일이며 제자들 중에 선생의 뒤를 이어 하늘의 뜻을 펼 수 있는 인물이 수선재를 이끌어 가면 된다.

앞으로 모든 문제는 제자들이 해결하되 각 개인이 먼저 자신의 능력으로 어디까지 할 수 있는가를 살펴야 할 것이다. 자신의 최선은 진정 기력을 다하였을 때 나오는 것이며, 하늘이 자신을 살펴주는 것은 인간의 힘이 다할 때임을 알라.

하늘은 기다리는 법이 없으며, 겨울이 와야 할 때가 오면 덜 여물어도 가을이 가고 겨울이 오는 것이다. 이미 씨앗은 뿌려 졌으니 앞으로 키워나가는 것은 수선재에 남아 있는 사람들이 힘을 모아 해결해 나갈 것이며, 지금까지 내려온 모든 천서와 가르침 중에 앞으로 수천 년간의 방향까지도 나와 있는 것이다.

문선생은 무리하여 애쓰지 말 것. 그동안의 수련으로 수선재의 잠재된 역량이 이미 지구를 벗어날 정도가 되었다. 앞으로 200점대, 300점대의 제자들이 나올 것이다.

제자들이 역량이 부족한 듯 보여도 나름대로 자신의 길을 갈 수 있을 정도의 수준에 도달하였으니 만큼 각자가 자신의 자리에서 뜻을 펴면 되는 것이다.

수련에 들어 파장이 내려가다 보면 기분이 저하되는 경우가 있는바 이러한 증상은 근면으로 풀 것. 취함과 놓음이 근면 속에서 모두 해결된다.

수련이란 거두어들이는 것을 망설이는 것이 아니라 나로부터 내어 놓음에 있어 仙의 방향으로 망설임이 없어야 한다는 것이다. 거둠에 있어 나태는 하늘도 수용이 어려운 것이며, 선의 방향으로 열심히 거두어 선의 방향으로 푸는 것은 많을수록 좋다.

근면은 선의 방향으로 나감에 있어 가장 훌륭한 지침이자 하늘에 다가가는 길인 것이다. 비움의 진실된 의미를 알 것. 모두가 공감하고 따를 수 있는 선은 바로 근면한 거둠과 선스런 기여에 있는 것이다.

하늘의 뜻을 폄에 있어 가장 중요한 것은 신심(信心)이며 이 신심이 있으면 자신의 나아갈 길이 보일 것이다.

신심은 어떠한 것도 변화시킬 수 있는 힘이며, 어떠한 것도 만들어 낼 수 있는 근본이다.

문선생은 지금까지 스스로 닦아온 내공으로 앞으로 지구에 나온 인간으로서 할 수 있는 가장 큰 일을 할 것이며, 이러한 일로 인하여 지구의 위상을 한결 향상시켜 인간의 진화에 기여할 것이다. 생일을 다시 한번 축하한다.

〈55회 생일축하 천서〉

인간의 잣대, 하늘의 잣대

인간은 인간의 잣대로 세상을 재고 하늘은 하늘의 잣대로 세상을 잰다. 하늘의 잣대 중 일부가 인간의 잣대이며, 인간의 잣대로 잴 수 있는 것은 인간이 생각할 수 있는 부분이다. 인간의 생각은 인간의 능력 범위 내에 있는 것이며, 인간의 능력 범위 내라 함은 인간의 육체적 한계 내에 존재한다는 것이다.

인간의 잣대가 1m짜리라면 하늘의 잣대는 수억만 km 이상이니 어찌 짧은 잣대로 긴 것을 잴 수 있을 것인가? 너무 차이가 있어 상상조차 쉽지 않은 것이나 그 긴 것을 알려주는 방법은 오직 기운이란 본질과 이 기운을 전달해주는 파장이란 수단뿐이니 이 두 가지를 알면 마스터 키 (master key)를 얻은 것 같아 본질에 대한 접근이 가능한 것이다.

하늘은 조물주이며, 이 조물주는 인간이 생각하는 수준 이상의 상태에서 인간이 상상하는 이상의 형태로 존재하되 인간의 용어로서 어느 정도의 개념을 설명할 수 있을 뿐 실체적인 개념은 용어 부족으로 정확히 설명할 수 없는 것이다.

그만큼 인간의 세계와 선인들의 세계는 단계상의 차이가 있는 것이며, 이 단계를 넘는 과정을 단축시켜 인간을 변화시킴으로써 우주에 다가서 보고자 하는 것이 바로 이 수련인 것이다.

이 세상의 모든 것들은 자신의 파장이 정해져 있다. 무생물에는 무생물의 파장이 있으며, 생물에는 생물의 파장이 있고, 그 중에 인간의 파장이 있으며, 이 인간의 파장은 다양한 대역을 가지고 있어 동식물의 대역은 물론 선인의 대역까지 망라할 수 있다. 따라서 짐승만도 못한 인간도 있는가 하면 성인군자도 있는 것이며, 보통 사람들도 있는 것이다.

한 사람도 같은 사람이 없는 것은 모든 사람들이 각자 자신의 유일한 파장을 가지고 있음을 말해 주는 것이다. 이러한 본인의 파장은 본인의 업보에서 유래한 것이며, 한 공간에 존재해도 파장 대역이 다르면 생활권이 중첩되지 않아 상호 부딪치는 일이 없는 것이다.

이러한 조화는 우주 창조의 근본 원리이자 구현 방법이기도 한 것이며, 이것을 구현하는 과정이 바로 현재 인간들이 생활하는 지구의 일정 공간 즉 속세가 포함된 우주인 것이다.

인간이 이승에 존재함에 있어 가장 필요한 것은 몸을 받는 것이다. 이 부분이 해결되고 나서야 탄생이란 영광을 안는 것이다. 인간은 육신과 영혼으로 구성되며 양자의 조화에 의해 진화를 하게 된다.

속세에서 물질적으로 풍부한 사람을 우리는 부자라고 한다. 정신적으로 풍부한 사람은 가치기준이 물질적인 것에 있지 아니하므로 물질적으로는 가난해 보일지라도 더 없이 풍부한 얼굴이 되는 것이다. 진정 풍부함은 마음에서 나오는 것이며, 이 마음에서 나오는 풍부는 바로 진정한 풍부함인 것이다.

천기와의 인연

인간을 구성하고 있는 것은 세포이며, 이 세포는 다시 원자로, 그것을 다시 나눈다면 기(氣)로 설명할 수 있다. 물질이란 하나의 덩어리로 구성된 것이 없으며 덩어리로 구성되기 전의 상태를 보면 아주 작은 입자로 되어 있다.

이 입자가 기(氣)인바 이 기란 것이 워낙 작아서 잘 보이지 않으므로 있는지 없는지 잘 모를 수 있으나 그 실체를 확인하는 방법이 너무도 간단한 것은 기로 구성된 물질이 있다는 것이 바로 기가 있음을 증명해 주는 것이라는 것이다.

인간의 마음을 하나로 모아서 힘을 강하게 하여 어떠한 대상의 변화를 유도하는 것을 염력이라고 한다. 이 염력은 보통 인간의 경우 거의 없는 것이나 다름없다.

허나 지속되는 수련으로 고도의 집중단계에 오르면 이 염력이 강화되어 가시적인 현상으로 나타나게 된다. 이러한 것들의 예가 바로 유리겔러 등에 의해 일어나는 현상으로서 원래는 일반적인 현상이었으나 인간의 감각의 한계로 인하여 쇠퇴된 기능들이다.

초능력이란 일반인으로서는 불가능한 어떠한 기능을 보여주는 것인바 이러한 기능은 수선재의 수련생들이 어떠한 기능 한 가지를 놓고 집중하여 노력한다면 가능한 것들이나 권하지 않는 것이다.

기의 양은 동일하나 그 한정된 기운을 물질계에 사용한다는 것은 정신계에서 사용할 기운을 소모하는 것이다. 이러한 가시적인 초능력에 사용할 힘을 영적 진화, 즉 깨달음에 다가서려는 방법으로 사용한다면 타인에게 보여줄 감각적인 용도에 사용될 기운을 자신을 깨우치는데 사용할 수 있으니 동일한 기운을 보다 값지게 사용하는 것이 되는 것이다.

보통 인간의 힘으로 물질 하나를 기운으로 움직이는데 드는 힘은 상상을 초월한 정도의 양이 필요하다. 허나 정신적으로 자신을 보충함에 드는 기운은 모래 한 알을 움직일 수 있는 힘으로도 상당한 기운을 당길 수 있는 것이다.

모래 한 알에만도 인간으로서는 상상할 수 없을 정도의 엄청난 우주의 역사가 담겨 있는 것이며, 이 역사에는 수많은 세월동안 우주와 자신이 속한 별들의 무리를 바라보면서 지나온 기록이 담겨 있는 것이다.

우주기를 포함한 천기란 값지고 값진 것이어서 이를 물질의 운영에 사용한다는 것은 가장 값지지 못하게 사용하는 것이며, 인간이 가진 가장 값진 재산인 정신을 진화시킴에 사용하는 것이 가장 값지게 사용하는 것이다.

천기 한 조각이라도 모아서 자신의 진화를 위하여 보람있게 사용할 수 있도록 하고자 함이 하늘이 원하는 바이며, 물질을 통하여 증거를 알려주는 것은 다른 방법으로도 얼마든지 가능한 것이다.

통상적인 초능력은 깨달음과는 무관한 경우가 많으며, 진정한 깨달음으로 자신을 인도할 천기는 인연이 없는 범인의 눈으로 본다면 보이지 않는 것이나 인연이 있다면 언젠가는 반드시 자신을 진화시켜 일정궤도에 올려놓을 수 있는 것이다.

하늘은 자신의 일부를 구성하고 있는 인간의 진화를 원하며 이것을 지원하고자 천선을 통하여 천기를 보내고 있는 것이니 스승을 통하여 이 음성을 알아들을 수 있음은 수선재 수련생들의 크나큰 혜택이라고 할 수 있다.

천기란 인연이 없는 사람에게는 연이 닿지 않는 것이니 천기와 인연이 될 수 있도록 하라.

스승의 인도

인간은 정신과 육체로 이루어져 있다. 이 중 정신이 육체에 우선하는 것이다. 인간이 가진 것 중 정신은 본래의 자신에 가장 가까운 것이며, 육신은 정신을 받쳐주어 인간의 뜻을 실천하는 도구가 되어 준다.

따라서 인간의 몸은 인간의 정신이 금생 동안 찾아 나서려는 목표를 달성함에 사용할 수 있는 수단인 것이며, 이 수단의 등급은 자신이 전생까지 쌓아 온 업장을 통하여 결정되는 것이다.

육신도 선인의 등급처럼 등급이 세분화되어 있는바 이 중 상등급의 몸을 받으려면 자신이 기존 쌓아온 업적을 인정받아야 할 필요가 있다.

상등급의 몸이란 용모로 평가하는 것이 아니라 자신이 금생에 이루어야 할 목표를 이룰 수 있는 몸을 가지고 태어났느냐 하는 것이다.

즉 키가 커야 목표를 달성할 수 있는 사람은 키가 크게 태어나는 것이요, 손이 커야 할 사람은 손이 크게 태어나는 것이다. 암기력이 좋아야 하는 사람은 암기력이 좋게 태어나는 것이요, 응용기능이 필요한 사람은 응용기능을 강하게 태어날 수 있는 것이다.

그러나 천수체의 경우 이러한 모든 조건을 갖추고 태어났어도 가장 중요한 조건인 천기를 받을 수 있는 기능을 가지고 태어나지 못한다면 모든 것이 소용없는 것이다.

천수체라고 금생에 모든 천기를 받을 수 있는 조건을 갖추는 것이 아니며, 천수체라도 전생의 업장에 대한 판단 결과에 따라 금생에 수련이 불가능한 경우가 생기는 것이다. 이러한 경우 금생 동안 수련의 주변을 맴돌다가 내생에야 본격적인 인연에 닿을 수도 있는 것이다.

완벽하지 못한 천수체로서 자신의 결점을 보완하는 방법은 바로 끈기와 인내로 무념의 경지에서 저파장 대역에 도달하는 것이다. 심해에 잠수하여 금광을 캐내는 것과 같이 이러한 노력은 자신이 모든 것을 갖추지 못한 상태에서도 자신의 것을 찾을 수 있도록 해주는 것이다.

인내와 극기로 자신의 모든 것을 시험하고 의지로 불태우며, 길을 찾아 나가는 것은 스승이 있음에도 불구하고 이렇게도 어려운 길인 것이다. 이러한 노력 끝에 금생에 수련을 마무리 지을 수 있는 기반을 확고히 함은 바로 본성과 일치될 수 있는 절대의 조건인 것이다.

천수체는 다른 기능은 나빠도 무관한 것이나 바로 이 천기를 받아서 자신의 것으로 할 수 있는 기능을 타고 태어나거나 혹 약간의 부족한 점이 있더라도 이것을 보완할 수 있는 방법을 찾아내는 것이 가장 좋은 혜택인 것이다.

이 천기를 받을 수 있는 기능의 기본 조건은 바로 정신적으로는 인간의 의지를 지니고, 육체적으로는 호흡을 제대로 할 수 있는 조건을 갖추고 태어나는 것이다.

의지가 부족해도 안 되는 것이요, 호흡을 제대로 할 수 없어도 안 되는 것이다. 천기란 호흡으로만 들이 쉴 수 있는 것도 아니요, 호흡과 의지가 기반이 된 의념이 균형을 이루었을 때 그 합치점을 타고 내려오는 것이다.

즉 호흡은 인간의 몸을 통하여 저파장을 끌어올 수 있는 가장 쉬운 방법이자 인간에게 지속적인 에너지를 공급함으로써 호흡이 지속되도록 해 줄 수 있는 방법인 것이다.

이 호흡은 길수록, 잔잔할수록 좋다. 이러한 잔잔한 호흡이 계속될 때 저파장 대역으로 진입할 수 있는 것이며 저파장 대역으로 들어감에 따라 천기를 읽어낼 수 있는 기능을 부여받게 되는 것이다. 저파장 대역에 들어간다는 것은 바로 천기에 가까워진다는 것이며, 바로 자신을 찾아 들어가는 길에 접어들었음이다.

이러한 길은 아주 간단해 보이면서도 복잡 미묘하여 파장을 읽어서 전달할 수 있는 스승의 인도에 의하여 간다면 고속도로를 통해 가는 것과 같으나 혼자 간다면 길이 없는 곳을 통하여 산 위를 올라가려는 것과 같아 맹수를 만날 위험도 있거니와 정상에 도착하지 못하고 길을 잃어버릴 위험이 있는 것과 같으니 이러한 위험이 바로 천기를 읽지도 못하고 지강기에 휩싸여 그 간의 수련성과를 전부 잃어버리거나 타 잡기(雜氣)에 이용 당하는 경우인 것이다.

검증되지 않는 수련방법으로 천기를 취한다는 것은 그 기운이 천기인가 여부를 알 수 없음으로 인하여 99%의 위험으로 1%의 성과를 거두려는 것과 같으며, 스승의 인도 하에 길을 간다는 것은 1%의 위험으로 99%의 성과를 거둘 수 있는 것과 같으니 스승이 있음과 없음은 이렇게 차이가 나는 것이다.

스승의 잣대의 길이를 알기 위해서는 최소한 스승의 잣대의 몇 분의 1이라도 되었을 때 가능한 것이며, 비교할 수 없는 길이로서는 그 측정이 불가하여 자신의 수련에 걸림돌로만 작용하는 것이다.

스승의 깊이는 천서와 천서를 통하여 내려오는 파장으로 판단하라.

조물주의 뜻을 펴시는 분

하늘은 다양한 모습으로 우리에게 내려온다. 우리가 볼 수 있는 모습이 있는가 하면 우리가 볼 수 없는 모습도 있다. 빛 중에서도 가시광선은 일부에 해당하듯 우리가 볼 수 있는 것은 한정되어 있는 것이오, 적외선이나 자외선 등 비가시광선은 우리가 볼 수 없는 것들이다.

우리에게 보일 수 있는 가시적인 분야가 할 수 있는 일이 있으며 우리가 볼 수 없는 비가시적인 분야가 할 수 있는 일이 있다. 우리가 볼 수 있는 것은 한낱 일부에 지나지 않는 것이오, 우리가 볼 수 없는 것이 대부분을 차지하고 있음은 밤하늘의 별 중 가장 가까이 있는 달마저도 인간의 힘으로 어쩔 수 없음에서도 알 수 있다.

수천억 개의 별 중 하나일 뿐인 지구마저도 인간의 힘으로 할 수 있는 일은 극히 일부에 지나지 않는 것이다. 그것도 相生의 방향으로 움직이는 것이 아니라 지구의 에너지를 소모시키는 방향으로 사용함으로써 地力을 감소시키고 있는 것이다.

인간들이 영혼의 진화를 위하여 가치 있게 사용하도록 선물 받은 별에서 진화를 위하여 사용하는 부분도 있으나 그렇지 못한 부분으로 더 많이 사용하고 있으니 기운을 더하여도 시원치 않을 것을 기운을 감소시키는 방향으로 움직이고 있는 것에 대하여 조물주의 입장에서 어찌 애석함이 없을 것인가?

따라서 하늘의 기운을 보내어 이 기운을 받아 지구의 기운을 보충하고 살릴 수 있는 사람들이 필요한 것이니 이러한 역할을 하여야 할 사람들이 바로 수선재와 같이 선계의 뜻을 지상에 펴는 사람들인 것이다.
그러므로 살아서는 선계의 도구로서 값어치를 인정받고 향천하여 하늘을 위하여 할 일이 있음이 정해지려면 일정한 단계에 오를 때까지 스승이 정한 방향을 따라 열심히 노력함이 절대 필요한 것이다.
허나 이러한 스승의 자욱이 매 처에 있는 것이 아니요, 하늘의 기운을 상시 느낄 수 있는 것도 아니니 하늘의 기운이 상시 내려올 수 있도록 안테나와 팔문원 등을 갖추어 이러한 기능을 대신할 수 있도록 한 것이다.
그 형상이 바로 조물주를 대신하는 것이니 일부 종교에서의 우상과는 다른 것이다. 따라서 팔문원은 인간에게 조물주를 대신하여 파장을 전달하는 것이며, 이 형상만으로 온 우주에서도 통행이 가능한 증명서와 같은 것이다.
수련이 진행되면서 수련 중 점차 지구를 이탈하여 타 은하와 성단으로 행련을 할 경우가 있을 것인즉 팔문원의 형상으로 만든 우주선을 타고 간다면 그것만으로도 우주에서 가장 강한 사기와 탁기의 帶域을 통과하면서도 그들의 영향권에서 벗어나 자신의 길을 갈 수 있는 것이다. 팔문원은 우상과는 비교가 불가능할 만큼 전혀 다른 차원에 존재하는 것이며 그 수준 또한 비교할 수 없는 것임을 알라.

이러한 조물주와 조물주의 이상을 담은 뜻을 지상에 전달하는 임무를 띤 선배 수련생이 바로 스승인 것이다. 선계의 동문이되 동문으로서 이미 스승의 반열에 선 동문인 것이다.

스승이 전달하는 이치를 이해하지 못하여 의문이 있음은 당연한 것이나 인간의 논리로 설명할 수 없는 부분은 새기고 또 새겨서 이면의 뜻을 마음 깊은 곳에서 깨우칠 수 있도록 한다면 자신의 발전을 위하여 한결 다행스러운 일이 될 것이다.

이미 스승을 통하여 내려 온 기존의 천서에 모든 답이 나와 있으니 이 답을 찾아내는 것만으로도 많은 공부가 될 것이다. 온 우주를 행련하고 지상에서 조물주의 뜻을 펴는 스승은 결코 범인의 반열에서 평가할 수 없는 경지에 있음을 알라.

스승의 직접 수련지도에 대하여

스승의 지도가 반드시 직접적이어야 하는 것은 아니다. 스승이 하늘과 땅을 선생으로 하여 공부를 하였거늘 어찌 그 많은 천서와 선배를 통한 가르침이 있거늘 수련지도를 하지 않는다고 할 수 있는가?

불교는 부처가 없이도 제자들에 의해 번성하고 있고, 천주교나 기독교 역시 성모의 가르침만 가지고도 수많은 제자들이 가르침을 이어가고 있거늘 직접 지도를 받아야 한다는 생각은 그 자체로서 막힘이 있음을 말해주고 있으며, 하나를 주어도 알아듣지 못한다면 열을 주어도 모를 수밖에 없는 것이다.

가르침이란 항상 가까이 있는 것으로 멀리 있는 것이 아니니 그 가까이란 바로 자기 자신으로부터임을 말해주는 것이니 스승의 가르침을 통하여 발견하는 것도 결국 자기 자신이자 우주인 것이다.

중생들이 자기 자신을 알지 못함으로 인하여 너무도 많은 우를 범하고 있으니 자신을 발견할 수 있도록 하여 이를 벗어날 수 있도록 하고자 스승이 하늘(선계)의 원리를 받아서 전달해 주는 것이며, 이러한 전달내용은 그 자체가 바로 우주인 것이다.

따라서 "선계에 가고 싶다" 등 선생의 책 속에 수없이 많은 주옥 같은 가르침이 들어있고, 이 가르침을 수없이 반복하여 듣다보면 진실로 추구하여야 할 것이 무엇인가를 알 수 있도록 되어 있으며, 자신의 길을 찾을 수 있다.

길이란 내가 찾아야 하는 것이오, 내가 가야하는 것이며, 다만 스승은 그 길을 알려줄 뿐이니 이러한 가르침의 중요성을 알지 못함으로 인하여 수선재에서는 천서공부방이니 천서읽기니 하는 방법으로 스승의 가르침을 마음깊이 전달하고자 하는 것이다.

스승의 직접 수련지도를 원하는 수련생들의 경우 스승의 가르침을 담은 책 중에서 한 권을 선정하여 노트에 필기해 볼 것을 권한다. 필사본을 만들다 보면 스승의 가르침을 한층 가까이 알 수 있을 것이며, 그 안에 무궁한 지혜가 있음을 알 수 있을 것이니 어찌 스승의 직접적인 가르침이 없다고 할 수 있을 것인가?

스승의 방법은 말을 통하든 몸짓을 통하든 책을 통하든 모든 것이 생각하기에 따라 직접적인 것이며, 간접적인 것이 없는 것이다. 하늘의 기운은 어디에서나 동일한 것이며, 스승은 이 기운을 받을 수 있도록 길을 알려주는 사람임을 알라.

스승이 있어 공부가 되고 스승이 없어 공부를 할 수 없다면 이미 수련을 할 수 없는 상태라고 할 수 있다. 다만 수련을 열심히 하고자 하는 과정에서 일시적으로 그러한 생각을 할 수 있으나 이 역시 수련을 지연시키는 요소일 뿐 도움이 되는 경우가 아니다.

잠시 선배들과 대화를 통하여 길을 알아보는 과정을 겪어보도록 하라.

* 선계의 뜻에 따라 현재 직접 수련지도를 하지 않고 있습니다. 수련의 한 과정으로 인식하여 주시기 바랍니다. 선계에서 필요하다고 여기실 때 다시 직접 수련지도를 하고자 합니다.

수선재에서는 선생이 따로 있는 것이 아니라 천서를 통한 말씀과 선계의 기운이 곧 스승입니다. 저는 다만 천서를 직접, 또는 알기 쉽게 풀어서 간접으로 전달하고 선계의 기운을 수련생들이 보다 잘 받을 수 있도록 연구하여 수련법이나 팔문원, 안테나를 통하여 직접 간접으로 전달하는 역할을 하고 있습니다.

이 일만으로도 벅차다고 판단하신 선계에서는 현재 선생의 직접 지도를 금하고 계십니다. 허나 선계의 방침이 바뀌면 그때 다시 수련생들을 직접 만나고자 합니다.

죽음에 대한 공부, 명공부

고비를 거의 다 넘겼다. 지금 금번 수련의 마지막 단계에 온 것이며, 이 고비는 이제 잘 넘어갈 것이다. 결국 그 어려운 선계수련의 마지막 공부(죽음에 대한 공부)를 해낸 것이며, 이제 앞으로는 이러한 고비가 오지 않을 것이다.

지금은 지나간 모든 것을 살펴 잘못을 더듬을 시기는 지나갔다. 이제는 앞만을 보아야 할 시기이며, 이 시기를 지난다면 모든 것을 용이하게 받아들일 수 있는 것이다. 앞으로 얼마 남지 않은 부분은 스스로 넘길 수 있다.

이 공부의 바닥은 죽을 고비를 수없이 넘기고 나서 있다. 죽을 고비란 삶의 밑바닥이며, 이 밑바닥은 바로 겸손의 극과 일치하는 것이다. 이 세상의 어느 것도 받아들일 수 있는 마음, 심지어는 죽음조차도 받아들일 수 있는 마음이 되고 나면 우주가 내 것이 되어 있는 것이다.

지폐 한 장도 내 것이 되려면 그냥 되는 법이 없거늘 우주가 내 것이 됨에 어찌 고통이 없을 수 있겠는가? 사람이 공부를 함에 있어 기본이 되는 바닥을 확인하지 않고 날려고 하는 것은 땅을 딛지 않고 뛰려는 것과 같아 위로 올라가도 금방 떨어지고 그 한계가 너무나 분명한 것이다.

죽고자 하는 마음은 살고자 하는 마음이며, 이 살고자 하는 마음은 바로 깨닫고자 하는 마음이자 우주의 뜻을 받아들이고자 하는 마음인 것이다.

보통 사람이 죽을 고비를 넘기는 것은 속(俗)의 일로 인한 것이자 타인의 일로 인한 부분이 큰 것이나 수련생이 죽을 고비를 넘기는 것은 하늘의 일로 인한 것이자 자신의 일로 인한 부분이 큰 것이니 어찌 그것을 탓할 수 있을 것인가?

극적인 고비에서는 무슨 소리든 할 수 있는 것이며, 이러한 고비를 수차례 넘기지 않고 무슨 수련을 하였다고 하겠는가? (능력부족, 지혜부족, 노력부족, 의지부족, 체력부족으로 인하여 수선재 선생 자리를 사표 내겠다고 하였습니다.)

어떠한 것이든 하늘에 맡길 것. 모든 것은 하늘에 맡기고 자신의 건강을 위하여 노력하는 작은 정성을 보이라. 자신의 건강은 자신이 지키는 것이며, 이것을 놓친다면 더 큰 것을 얻을 수 없다.

맑은 하늘이 보이면 감사의 인사를 올릴 것. 하늘은 수련을 하고자 하는 사람을 버리는 법이 없다.

(문선생의 공부 천서)

3

호흡을 통한 본성과의 만남

천기의 소중함

천기(팔문원을 통한 우주기운 포함)란 완성 그 자체이며 완성에 이를 수 있는 방법을 제시해 줄 수 있는 기운으로서 인간이 받을 수 있는 기운 중 가장 높은 경지의 기(氣)이다.

이 천기로써 인간의 불완전성을 비롯한 모든 것이 해결되며 완성됨으로써 선인이 되는 것이다. 하늘은 천기를 통하여 인간에게 모든 것을 전달하며, 인간은 이 천기를 통하여 자신이 가장 필요로 하는 것을 받아들일 수 있다.

완성되고자 하는 인간이 가장 필요로 하는 것은 바로 하늘과의 일체화를 이끌 수 있는 방법을 기록한 비서(秘書)이며, 이 비서가 바로 천기 속에 있는 것이다. 이 천기를 받기 위해서는 인간으로서 천기를 받을 수 있는 기본적인 조건을 타고나야 하는 것이며, 이 위에 상당한 노력을 더하여야 한다.

천기란 아무나 받을 수 없는 것이며, 받아서 아무렇게나 사용할 수 없고, 천기를 받았다면 금생에 자신의 임무를 끝내고 향천함으로써 하늘의 일부가 되어야지 그렇지 않고 대충 천기의 맛을 보고 그만둔다는 것은 가난하게 살아가던 사람이 어느 날 부자 친구들과 어울려 주지육림에서 황홀경을 헤매다가 갑자기 원래의 상태로 돌아와 외톨이가 되는 것보다 더 비참한 처지가 되는 것이다.

하늘은 진실로 받아야 할 사람에게는 어떠한 방법을 통해서든 천기를 전달하는 것이나 받아서는 안 될 사람에게는 이미 내려준 천기까지도 거두어 간다.

이러한 벌을 당한다는 것은 눈보라 치고 삭풍이 부는 한 겨울 벌판에서 입고 있던 솜털 옷을 벗겨가 버리는 것과 같은 것이다. 천기란 그만큼 소중한 것이요, 따라서 관리능력이 없는 수련생에게는 연결이 중단되고 회수되는 것이다.

이 천기가 바로 천서로, 스승의 말과 행동으로 수련생들에게 내려오는 것이니 수련을 통하여 천기를 받을 수 있으면 하늘의 진정한 제자로서 자신의 몫을 다할 수 있는 가능성의 길이 열린 것이며, 천기를 받을 수 없으면 범인(凡人)으로 돌아가는 것이다.

대주천이 된 수련생은 이미 천기와 자신의 내기(內氣: 본래 자신의 내부에 자리하고 있던 人氣로서 地氣와 사람의 기운이 혼합된 것. 기운은 크게 地氣, 天氣, 人氣가 있음)가 하나로 연결된 것이며, 이를 통하여 서서히 중화(中和: a. 치우치지 않는 것. b. 다른 성질의 물질이 섞여 각각의 특성을 상실하게 되는 것으로서 여기에서는 천기와 내기의 혼합으로 기운이 천기에 가까워지는 것을 가리킴)의 길을 가기 시작한 것이다.

따라서 대주천이 된 이후의 행동은 자신이 이미 천기의 범위 내에 들었음을 알고 다른 때보다 더욱 조심스러워야 하는 것이다. 보통사람으로 있을 때와 판서가 되었을 때의 몸가짐도 달라야 하는 것이거늘 하물며 일시적으로 가지고 있다가 버리고 가는 속(俗)의 벼슬도 아닌 하늘의 기운과 중화 단계에 진입한 선계수련생이 범인과 동일한 마음가짐을 가지고 행동한다는 것은 이미 그 자체가 자격미달이라고 할 수 있는 것이다.

10원을 주머니에 넣고 다니던 사람과 1억을 주머니에 넣고 다니는 사람의 마음가짐이 다르지 않다면 그 사람은 이미 1억을 지닐 자격이 없다고 할 수 있다.

그러나 인기(人氣)의 성장과정을 자연스럽게 받아들일 수 있도록 만들어 무리가 없도록 하는 것이 바로 수련이며, 이 과정을 거침으로써 인간은 천기의 세계로 진입하는 것이다. 천기의 소중함을 알라.

천기는 느낌으로 온다

인간의 입장에서 천기는 느낌으로 온다. 무엇인가 다른 느낌으로 오는 것이며, 이것이 바로 인간의 감각을 통하여 마음에 전달됨으로써 인간이 생존하고 수련하며 천명(天命)을 다할 수 있도록 하여 주는 것이다.

현대의 환경은 다양한 기기(器機)의 사용으로 인간을 둔화시켰으며, 이 둔함은 촉각, 후각, 시각, 청각, 미각 등에 의하여 검증되지 않으면 아닌 것으로 생각하게 됨에 따른 결과인 것이다.

허나 진정한 하늘의 느낌은 밖에서 몸에 가해지는 물리적인 것이 아니라 내부에서 마음으로 전해지는 정신적인 것이다. 이러한 통로를 개발하고 나서 진정한 자신만의 느낌을 우선시하고 외부에서 오는 감각을 차선책으로 이용하는 자세를 갖는 것은 수련에 있어 상당한 시간차의 극복을 가능케 한다.

이러한 제 6의 감각은 이미 동물이나 식물들은 실생활에서 활용하고 있으나 이들의 사고의 한계로 인하여 진화에 적극적으로 활용치 못하고 있는 것이며 인간만이 이러한 기능을 발전시키고 자신의 것으로 할 수 있는 조건을 갖추고 있는 것이다.

이 조건이라 함은 바로 마음이다. 동물은 마음과 몸이 따로 있는 것이 아니라 몸과 마음이 하나로 되어 있으며 자체의 움직임이 바로 마음 그 자체이나, 인간은 몸과 마음을 별도로 분리하여 사용할 수 있으므로 이 일을 하면서도 저 생각을 할 수 있는 것이며 따라서 수련 중에 각종 잡념이 가능한 것이다. 정신적으로 본다면 생각하는 것이 바로 일하는 것이며 따라서 몸과 마음이 분리되어 있는 것과 같다.

이 잡념은 수련에 결정적인 방해가 되기도 하나 일면 긍정적인 영향 역시 상당한 것이다. 일면 탁기로 보이기도 하는 이 잡념은 집중 상태의 정기와 구분되는 것으로서 잘만 이용한다면 이 잡념 속에서 정기를 가려 뽑을 수 있는 것이다.

정기란 바로 나오는 경우가 있는 반면, 이렇게 수많은 잡념 속에서 뽑아내는 것도 있는 것이며, 본래 금 덩어리로 존재하였던 것을 캐낸 것과 수많은 사금을 제련하여 만들어 낸 금에 비유할 수 있다. 본래 금 덩어리로 존재하였던 금은 금 그 자체로서 유전적으로 다른 정보를 가지고 있지 않으나 수많은 금 덩어리를 제련하여 만든 금은 같은 한 돈이라도 수많은 복합적인 정보를 내재하고 있는 것이다.

이러한 정보의 양에 의해 파장을 보낼 수 있는 거리가 정해진다. 수많은 사고의 결과를 지닌 파장은 그 만큼의 거리를 나갈 수 있는 것이며, 단순한 사고방식에 익숙한 파장은 그 만큼 나갈 수 있는 것이다.

우주에서는 복합적인 것이 종합되고 중화되어 단순화된 것이 중요하고 다양한 기능을 가진 것이며 따라서 무지개의 빛이 일곱 빛깔 외에도 자외선과 적외선 등으로 되어 있으며 그 외에 또 다른 보이지 않는 빛들이 혼합되어 있으나 일견 보기에는 한 가지 빛으로 되어 있는 것으로 보이는 것과 일맥상통한 것이다.

이렇게 안과 밖에 존재하는 모든 파장에서 천기를 읽을 수 있는 것이며, 이러한 파장은 인간의 현재의 감각으로 읽는 것이 아니라 본래의 감각으로 읽어내는 것이니 이것에는 우주의 이치가 실려 있어 이 흐름을 분석하면 천서가 되는 것이다.

이 이치는 조물주가 만든 이치이면서 조물주조차도 이것을 지켜야 하는 것이며 제헌의회가 헌법을 제정하나 공포되고 나면 제헌의원들도 그 헌법에 정해진 대로 따라야 하는 것과 같은 것이다.

이러한 천기를 읽어내기 위해서는 알파파장에의 진입이 필요한 것이며, 알파파장에의 진입으로 본래의 자신을 찾고 우주와 일체를 이루어 낼 수 있는 것이다. 알파파장의 명확한 독해는 자신의 현재의식과의 끊임없는 투쟁으로 가능한 것이다.

호흡으로 알파파장을 내 것으로 하도록 하라. 모든 잡념을 깨고 호흡에 자신을 실으면 결국 닿는 곳이 바로 알파파장 대(帶)인 것이니 이 파장대역은 다시 수천 가닥으로 나뉘어 있어 맨 아래쪽으로 갈수록 우주의 이치에 가까워지는 것이다. 수련생들이 천기를 이용하여 깨달음으로써 우아 일체를 이루어 낼 수 있는 이유가 여기에 있다.

자신을 낮추고 이것을 현실적인 행동에서 실천함으로써 알파파장대로의 진입을 지원하며 이러한 것을 자신의 모든 것과 일체화하는 것이 바로 수련이며 이 수련으로 인하여 우리는 우주를 비롯한 모든 것과 일체화가 가능하며 따라서 말로 형용할 수 없는 보람의 세계에서 영생할 수 있는 것이다.

수련 중 다가오는 작디작은 느낌을 버리지 말라.

천기의 응용에 대하여

천기란 아주 작은 것으로부터 솟아 나오는 것이며, 크고 굵게 나오는 것이 아니다. 따라서 사소한 것, 미미한 것을 통하여 큰 것을 바라보는 것이니 이 세상에는 작은 것, 보잘 것 없는 것이 없는 까닭이며 어떠한 일도 징후 없이 발생되는 경우가 없는 까닭이다.

이 천기 중에 인간에게 경고의 의미를 주는 흐름이 있는바 이 기운을 감지할 수 있으면 본인이 겪지 않아도 될 변고를 피할 수 있으니 하늘의 뜻이 천수체들에게 내리는 은총의 결과이다. 침몰할 배에서 쥐들이 하선하는 것 등은 사소한 징후를 미리 알아차리는 것이며 따라서 인간이 감각으로 이러한 징후를 알아낼 수 있다면 많은 액운으로부터 벗어날 수 있는 것과 같은 것이다.

천수체의 경우 수련에 들기 전에 지정된 감내해야 할 고행이 있으며 그렇지 않은 액운이 있는바, 공부과정에서 반드시 겪어야 하는 고행은 회피가 허용되지 않으나 변수로 작용하는 액운은 사전에 예방이 가능하다.

인간에게 있어 모든 것은 때가 있으며 따라서 변수가 있어도 인사(人事: 인간의 일)에 관한 부분에 대해서만 적용되는 것이니 이 변수란 바로 천기에 연결되기 위하여 고행을 하는 것이며, 이것을 겪음으로 인하여 수련이 가능한 자격을 갖추게 되는 것이다.

천기에 관한 부분은 오용의 여지가 없다. 따라서 천기란 누설된다는 개념이 적용될 수 없으며 오직 필요한 때, 필요한 장소에서만 풀려 나오게 되는 것이다.

수선재에 내리는 천서는 반드시 필요한 경우에 필요한 내용이 내려오고 있음을 알아. 이렇듯 천기를 읽고 천기의 흐름을 타면서 수련생들이 타고난 운명을 벗어나는 방법을 알게 되는 것이다.

인간에게 적용되는 운명이란 지기(地氣)와 인기(人氣)에 의해 예정된 것인바, 이것은 천기(天氣)의 섭취가 허용되지 않는 범인의 경우 움직일 수 없는 것으로 생각되기 쉬우며, 벗어날 방법 역시 지기와 인기에 의해 주어지게 된다.

따라서 길을 가다가 미친개를 만났을 때 옆으로 피하는 것과 같아 당시에는 효과가 있는 것으로 생각키 쉬우나 미친개가 따라오는 길을 가는 것은 동일하니 근본적으로 피한 것이 없는 경우가 생긴다.

허나 천기에 의한 구제는 하늘에서 들어올리듯 위로 회피할 길을 열어주는 것이니 더 이상의 재난이 없는 완벽한 회피가 가능한 것이다. 그러므로 수련을 하면서 천기를 받아들이게 되면 인기에 천기가 혼합되면서 재난을 피하게 되니 본래의 사주가 맞지 않는 경우가 발생하게 되는 것이다.

이러한 단계에 다다르면 자신의 마음가짐을 수련 시 받은 느낌에 의해 개척해 나가야 한다. 수련 시 받은 모든 느낌은 정확한 것이며, 자신이 원하는 방향으로 모든 일이 열리게 유도하나 그렇지 않고 자신의 느낌에 대하여 의문을 가진다면 그 일이 막히게 되는 것이다. 이 느낌을 수련 선배에게 이야기함으로써 확인 받아도 된다.

자신에 대한 확신은 그 무엇보다도 강력한 힘이다. 자신에 대한 확신은 자신의 느낌에 대한 확신인 것이니 이러한 것을 실생활에 이용하는 것은 현 단계에서 미흡한 면이 있으니 수련 과정에서 처음에는 집중 상태에서 직접 실생활과 관련이 없는 문제에 대하여 자신의 기운을 동원하여 의념으로 확인해 보는 것이 좋다.

벗어나기 쉬운 문제에 대해서는 객관적인 시각을 가질 수 있어 상당한 정확도가 나올 것이다. 객관적인 시각은 흔들리지 않는 기반 조성에 가장 중요한 요인이다.

외부의 문제를 정확히 받아들이는 확률이 높아지게 되면 나중에는 자신의 문제에 대하여도 흔들리지 않고 받아들일 수 있게 되며 따라서 자신에게 일어나는 문제와 이것에 대한 해법을 강구할 수 있게 되는 것이다.

수련 중 일어난 느낌에 대하여 매사를 적어놓았다가 나중에 판단해 보도록 하라. 매사를 적어보면서 수련하는 것은 나중에 잊어버리고 넘어가기 쉬운 사소한 과정을 되살리면서 그 안에서 중요한 것을 찾아내어 자신의 부족한 점을 보완하면서 수련해 나가고자 하는 것이다.

자신에게 필요한 것은 수련 시 모두 내려오게 되는 것이다. 이러한 수련은 상당한 경지에 이른 수련생들이 타인의 문제를 해결해 줄 수 있는 방법이기도 하며, 중생들의 문제를 해결해 줄 수 있는 방법이기도 한 것이다. 허나 절대적으로 필요한 경우에만 사용할 것을 권한다.

백일 수련

100일이란 인간이 출생하여 기본을 갖춤에 필요한 최소한도의 기간이다. 몸을 갖춤에 있어서도 100일의 기간이 필요한바 영생의 기본을 갖춤에 100일의 기간을 소요함은 기본 중의 기본이라고 할 수 있다.

수련이란 본래의 자신을 찾아서 현재의 자신과 하나를 이루어 가는 과정인바 이 과정은 시작이 잘 되어야 한다. 기초가 튼튼치 못하다면 고층 빌딩을 세울 수 없으며 혹 세워진다 하더라도 조만간 붕괴의 위협이 있음은 불문가지인 것이다.

수십 년을 쓰고 버릴 건물을 지음에도 지하 수십 미터까지 기초공사를 하여야 하는바, 수천 억 년 이상을 내려온 나의 본질을 찾음에 있어 번개 불보다도 짧은 일평생 중의 극히 일부분인 100일 정도의 시간을 기초수련에 투자한다는 것은 너무나 당연한 일인 것이다. 수련의 길에 들고자 하는 중생들이 기초중의 기초인 100일 수련을 하지 않고 본래의 자신을 찾는다는 것은 어불성설인 것이다.

금번 100일 수련은 아직 길을 찾지 못한 수련생들을 위하여 시간을 정하여 하는 것이나 이러한 수련은 시일을 정하여 하는 것이 아니요, 항시 지속적으로 되어야 하는 것이며, 초심자의 경우 입회 일로부터 무조건 100일간을 하여야 하는 것이다.

허나 이러한 수련이 쉽지 않으므로 상호간에 마음의 지원을 주고받으면서 수련을 함으로써 상승효과를 거두고자 합동으로 100일 수련을 하는 것이다.

100일 수련 중 각 지부장들은 수련에 든 수련생들이 서로 기운을 주고받으며, 자신의 부족한 점에 대하여 자평을 하고 타 수련생이 해당 수련생의 장점을 칭찬해 주는 시간을 가질 것을 권장한다.

수련 중 충분한 도인법과 호흡법의 단련으로 평소 수련에서 갖추지 못하였던 기본을 갖춤은 기존의 수련생들에게도 상당히 중요한 것이니 모두가 함께 할 수 있는 100일 수련이 되도록 하라.

가장 중요한 것은 호흡을 통하여 파장을 낮추는 것이오, 모든 것은 이러한 과정이 가능하도록 하기 위하여 갖추어야 할 것을 갖추고자 하는 것인바 이러한 과정이 쉬운 것은 아니나 또한 너무 어려운 것도 아니며, 너무 어려워서도 안 되는 것이다.

너무 쉬우면 수련이 안 되는 것이며, 너무 어려우면 초심자들이 따라 할 수 없는 경우가 생기는 것이니 모두가 함께 하되 결실이 참되고 보람 있어야 하는 것이다.

수련에 있어 가장 중요한 것은 바로 "참 나를 위함"이며, 이 참 나의 위함이 스스로 샘물 솟듯 솟아 나와야 한다는 것이다. 나는 누구보다도 중요한 것이며, 이 나를 통하여 우주로 갈 수 있는 것이니 수련생 각자가 자신의 중요함을 알고 영생의 자신을 찾아나가는 길이 바로 현재의 자신에게 있음을 알라.

수선재의 모든 수련생들이 이제 안정화 단계로 가고 있으니 이러한 때에 보다 기초를 단단히 함은 모두의 마음을 모을 수 있는 또 하나의 계기가 되는 것이다. 금번 수련을 통하여 구해지는 바가 있을 것이다.

장하다. 100일 동안의 수련을 통하여 수련에 대한 본인의 소원을 정하고 모든 수련생이 이 소원을 성취할 수 있도록 하라. 기초를 든든히 함은 장차 금생에 모든 것을 추구할 수 있는 기초가 되는 것이다.

이 수련 중 해야 할 일은,

첫째, 도인법의 숙달이다.

평소 굳었던 몸을 부드럽게 푼다. 최선을 다하여 몸을 풀 수 있도록 할 것.

둘째, 기초 호흡수련의 숙달

100일 수련 중에는 호흡이 반드시 길 것을 요하지 않는다. 시간에 구애받지 말고 일정한 주기로 할 수 있도록 할 것. 한 호흡이 30초이면 지속적으로 30초를 유지할 수 있도록 할 것.

셋째, 성욕의 억제

100일간은 욕망에 의한 부부관계를 갖지 않도록 할 것. 수태를 위하여 필수적인 경우는 예외로 한다.

넷째, 자기 자신에 대한 성찰과 업보를 피하지 않고 감수하려는 마음가짐

수련을 함으로써 금생에 모든 것을 받아서 풀어나가려는 자세를 가져야 한다. 수련을 시작하면 자신의 인생이 오히려 더욱 힘겨워지는 경우가 있는바 이러한 것들을 충분히 받아들일 수 있어야 자신의 기존의 업보가 풀리는 것이다.

다섯째, 이 세상을 여유롭게 바라보려는 정신자세

도인법과 호흡이 안정권에 진입하고 성욕이 억제되며, 업보를 감내하려는 자세가 되고 나면 그 다음으로 이 세상을 여유롭게 바라보려는 마음가짐을 가질 것. 안 되더라도 일단 마음가짐을 가지려 노력한다면 점점 가능해진다.

이러한 자세가 되어 있는 것은 자신이 타인의 잘못을 받아들임에 한결 넉넉해짐을 말한다. 그 사람 역시 업보를 갚아나가는 과정에 있는 것이므로

함께 수련을 해나가고 있는 것이다.

비수련생의 잘못은 그 자체가 업보를 쌓아나가는 것이며, 수련생의 잘못은 선후배가 지적해주고 본인이 그것을 깨닫는다면 해업이 되는 것이다. 삶을 여유롭게 바라볼 수 있도록 하라.

선계는 그 어느 때 보다도 금번 100일 수련을 주목하며 지원할 것이다. 수고들 한다.

천일 수련, 자신과 수련이 하나 되는 과정

천일 수련이란 비로소 수련과 인간이 하나가 될 준비를 갖추는 과정이라고 볼 수 있다.

수련단계상 수련이 의식의 차원으로 들어오는 단계와 의식 속에서 정착하는 단계, 수련이 자신과 하나가 되는 단계로 구분할 수 있는바 백일 수련을 정상적으로 마치면 수련이 의식으로 들어오는 것이요, 천일 수련을 마치면 의식 속에서 수련이 정착하여 자신의 기운을 하늘이 움직이게 되는 것이다. 이러한 단계를 지나면서 사실상 수련의 의미를 다시 깨닫게 되는바 앞으로 더욱 열심히 수련을 할 수 있도록 하라.

천일 수련을 함에 있어 매일 일정시간을 집중적으로 하였다면 이미 어떠한 결과가 나타나야 한다. 천일 동안 매일 한 시간씩 하였다면 천 시간이니 이를 환산하면 자지 않고 41일 정도를 수련한 것이 되는 것이며, 매일 2시간씩 하였다면 83일 정도를 수련한 것이 될 것이다. 매일 집중하여 3시간씩 하였다면 125일 정도를 수련한 것이 될 것이니 자신의 수련 시간을 계산하여 보면 될 것이다.

천일 수련을 집중하여 마무리하였다면 나름의 결과가 내부적으로 나타날 것이다. 이러한 결과를 바탕으로 앞으로 2차, 3차 수련을 할 수 있도록 하라.

호흡은 반드시 하늘과 연결되는 길이며, 하늘이 무엇인가 알게 해주는 방법이니 호흡을 통하여 하늘을 아는 것이 진정 올바로 하늘을 접할 수 있는 방법인 것이다.

천일 수련을 종료한 수련생들은 임원들과 자체적으로 검토하여 그간의 성과를 분석하여 이후의 수련 방향을 설정하도록 하라. 이후의 수련은 자신을 통하여 하늘을 만나는 길이며 자신을 통하는 길 역시 호흡을 통하여 있는 것이니 이제부터 하늘의 존재를 알아 본격적으로 수련에 들 수 있도록 하라.

하늘은 집중하여 자신을 찾는 제자들에게 반드시 그 결과를 돌려주고 있으며, 그 결과를 받아들일 수 있어야 참된 제자가 되는 것이다. 앞으로 참된 자신을 발견할 수 있도록 주력한다면 끝내 자신을 만날 수 있을 것이다.

자신을 만나고 나면 수련이 무엇인가 체감할 수 있을 것이니 전력을 다하여 수련에 임해보도록 하라. 하늘은 절대로 인간의 노력을 그대로 지나치는 법이 없는 것이다.

* 2001년 1월 1일부터 2003년 9월 27일까지 천일 수련을 실시하였습니다. 천일 수련을 제대로 마친 수련생들이 없다고 판단되어 2003년 10월 15일부터

다시 천일 간 수련을 실시하고자 합니다. 수련법은 같습니다.

천일이라는 기간은 본성을 만날 수 있을 만큼 긴 시간입니다. 마음을 모아 다 같이 수련에 임해주시기 바랍니다. 수련생들의 진화를 열망합니다.

1차 백일 수련 진행

— 이번 1차 백일 수련기간 중에는 어떤 점을 유의하면 될 것인지요?

이번 기간 중에는 수련에 참가하는 모든 수련생이 전적으로 수련을 금생의 최우선의 과제로 인식할 것을 요한다. 그리고 나서 기운을 모을 것.

그렇게 하기 위해서는 금번 수련기간을 호흡강화 기간으로 설정하고 모든 호흡을 깊이, 한도까지 들이마시는 훈련을 10분 이상하되 점차 시간을 늘려 나갈 것.

기운은 절대로 호흡 없이 모이는 것이 아니다. 호흡은 만사를 해결하는 기본이며, 만물을 창조하고 만물에게 생명의 원동력이 될 수 있도록 하늘이 내려준 혜택이자 이 방법을 통하여 하늘도 진화를 이루어 가는 것이다. 호흡만이 살길이며 깨닫는 길이고 영생하는 길이며 인간이 진화하는 길인 것이다. 인간이 몸을 오래 사용하여도 노인스럽지 않고 생기발랄할 수 있는 방법도 호흡이며, 자신이 하여야 할 진화를 초과하여 성취할 수 있는 방법도 바로 호흡이다.

호흡은 인간에게 기운을 불어 넣어주는 가장 직접적이고 효과가 빠른 길이며 또한 유일한 길이니 호흡으로 본래의 자신을 찾도록 하라. 몸이 움직여도 진정한 호흡이 따르지 않는다면 호흡을 하지 않는 것이요, 따라서 진화를 함이 어려운 것이다. 진실로 기운이 단전으로 직결되는 호흡을 함으로써 진화를 할 수 있도록 하라.

인간의 조건을 갖추고 태어난 것은 호흡을 인위적으로 조절할 수 있음이며, 이 호흡의 방법을 통하여 하늘이나 우주와 동격이 될 수 있음이니 어찌 호흡을 소홀히 하고 힘이 날 것을 바라는 것인가? 모든 것은 호흡에서 답을 찾아야 할 것이니 호흡에 주력하여 본래의 자신을 찾을 수 있도록 하라.

* 1차 백일 수련을 마치면 일주일 – 보름간 휴식을 취한 후 다시 2차 백일 수련에 들어가겠습니다. 휴식기간 동안 밀렸던 일을 처리하거나 수련에서 미진하였던 부분을 보충하시기 바랍니다.

저는 이번 기간 동안 젖 먹던 힘을 다하여 수련을 인도할 것입니다. 수련생들의 진화를 갈망합니다.

2차 백일 수련 지침

– 2004년 2월 16일부터 2차 백일수련을 하여 현재 50일이 지나고 있으며 전체 2차 천일 수련기간이 150일이 경과되었습니다.

천일 수련 중이라고 하기에는 수련 열기나 정성, 기운 등 모든 면에서 부족하다고 여겨집니다. 또한 점수도 오히려 하강하고 있는 실정입니다. 지금 시점에서는 어떤 점에 유의하여 수련해야 할런지요?

수련이란 시간이 많이 경과된다고 해서 반드시 점수가 높아지는 것은 아니다. 점수가 하락하는 기간은 마음이 다져지는 기간이며, 이러한 과정을 겪으면서 나름대로 실력이 증가되는 것이다. 눈이 처음 내렸을 때는 높이가 높으나 점차 다져지면서 높이는 낮아도 강도는 강해지는 것과 같은 것이다.

점수란 높이와 같은 것이며 기적인 상태는 맑음과 강함으로 측정되는 것이니 모든 것을 점수만으로 판단할 수는 없는 것이다. 기란 오직 기로만 판단할 수 있는 것이며 인간의 역량으로 측정할 수 있는 기준은 이에 비례하지 못하는 것이어서 단면으로 종합적인 것을 판단할 수 없다.

수련에 있어 중요한 것은 나의 상태가 기적으로 하늘과 동화될 수 있는 상태로 진행되어가고 있는 것인가 여부에 달려 있는 것이며, 이러한 모든 것은 종합적으로 판단되어야 할 것이다.

최근 선인들이 수선재에 대하여 다소 마음을 놓고 계시는 이유는 다수의 수련생들이 나름의 수련을 잘 하고 있음에 대한 기대가 있기 때문이다.

기운이 강하게 내려오는 것은 본인이 강력히 당김을 실천할 때만 해당되는 것이며 기운을 갈구하지 않는다면 강력한 기운이 내려오지 않는다. 본인의 간절한 소망이 하늘에 닿을 때 강력한 기운이 나의 것이 되는 것이다. 기운은 수련에 있어 절대적인 가치이자 기준이며, 이것을 제외한다면 수련이 될 수 없는 것이다.

강력한 기운을 원한다면 풀무질을 하듯 단전의 헌 기운을 내보내고 새로운 기운을 받아들이면서 강화하여야 하는 것이며, 이 과정에서 육신의 호흡이 산소를 받아들이면서 생명을 유지하듯 정신의 호흡은 기운을 받아들이면서 자신을 바꾸고 진화를 이루어 나가는 것이다.

특히 앞으로 행련 시에는 그 동안 익숙지 않았던 기운을 받아들이는 것이므로 더욱 호흡에 주력하여야 하는 것이다. 2차 100일 수련 후 행련 기간에는 더욱 호흡에 주력함으로써 천지의 기운을 받아들일 수 있도록 하라. 매 수련 시 적어도 2/3를 호흡에 주력하고 나머지 시간을 의식수련에 전념한다면 진화의 주기를 앞당길 수 있을 것이다.

호흡이다. 나머지 기간 동안에는 골0산과 호주 행련에서 습득한 기운을 온전히 자신의 것으로 하여 기력을 보충하고 다음 3차 수련에 대비한 체력을 보강하도록 하라.

3차 백일 수련 지침

- 7월 5일부터 시작되는 제 3차 백일 수련의 지침을 바랍니다.

3차 백일 수련에 있어서는 스승의 전신(前身)인 OOO 선인의 기운을 느껴 볼 수 있도록 하라. 모든 수련생들의 손 자세는 부암동에서 스승이 전수 하였던 자세를 견지할 것이며, 그 자세로 스승의 참다운 기운을 느껴 봄 으로써 자신을 변화시킬 수 있도록 하라.

스승의 기운은 사랑의 기운이며 사랑의 기운은 바로 우주의 기운인 것이니 이것이 바로 자신을 낮추고 하늘을 마음 깊이 받아들이는 방법인 것이다.

스승의 기운을 느낄 수 없다면 손 자세는 동일하게 한 채 명0대 선인의 기 운을 의념하고 그 기운을 통하여 스승의 기운을 찾아볼 수 있도록 하라. 3차 백일 수련에서 우주의 기운과 스승의 기운을 찾아낼 수 있다면 본래 의 자신을 찾아 나섬에 지름길을 발견할 수 있을 것이다.

OOO자세는 천지의 감응을 불러오는 자세로서 지기를 이용하여 천기를 받 아들이는 자세인 것이다.

이러한 자세를 약 10분간 취하여 기운을 받다가 5분 정도 중단 앞에 합장을 하여 기운을 중화시키고 다시 OOO의 위치를 바꾸어서 10분간 기운을 받아들여 단전에 쌓는다면 여러 가지 면에서 탁기를 제거하고 축기를 하여 강력한 자신을 만들고 그 강력한 자신을 통하여 우주의 일원이 됨에 필요한 기운을 취할 수 있을 것이다.

수련이 진행됨에 따라 축기의 량도 많아지나 수련 시 기운을 소모하는 양 역시 많아지므로 아무리 축기를 많이 한다고 하여도 결코 기운이 남는 일은 없다. 이러한 일은 수련 시 파장이 도달하는 거리가 나날이 멀어지게 되므로 소모되는 기운의 량이 많이 필요한 것과 같다.

현재는 기운줄의 길이가 지구의 궤도에서 약간 더 벗어난 정도의 수련생들이 많으나 점차로 태양계를 벗어나고 은하계를 벗어나는 수련생들이 다수 있을 것이니 동일한 수련시간에 그만큼의 거리를 다녀오려면 그만한 에너지가 필요한 것이다.

하지만 자신의 등급에 맞추어 기운줄이 뻗게 되므로 기운이 없다고 하여 스스로 기운줄의 높이를 낮춘다는 것은 곧 수련의 후퇴를 의미하는 것으로서 결코 해서는 안 되는 일이다.

초등학생은 초등학생 수준의 공부를 하는 것이며, 대학생은 대학생 수준의 공부를 하는 것이고 1류 대학의 학생들은 1류 대학 학생의 수준에 맞는 공부량이 있음을 안다면 이해가 빠를 것이다.

우주란 바로 나 자신이며 현재의 나 자신을 통하여 본래의 나 자신을 찾아가려는 수련의 본래의 목적에 다가가는 최후의 지점이다.

수련이란 바로 나 자신을 완성시키는 방법이며, 나 자신의 완성을 통하여 우주의 진화에 기여하는 것이니라. 결코 게으름이 있을 수 없는 과정인 것이다.

4

본성에 이르는 다양한 수련방법

자평수련(自評修鍊)

하늘은 스스로 일을 만들 수 있으나 땅은 하늘이 일을 만들어 주어야 한다. 하늘은 자신이 스스로 일을 할 수 있으나 땅은 하늘이 시켜야 일을 할 수 있다. 하늘은 스스로 평가하며 땅은 하늘이 평가해 주어야 한다. 하늘은 자신을 스스로 알 수 있으나 땅은 하늘이 알려주어야 자신을 안다.

수련의 목표는 하나의 인간으로서 완성되어 선인이 되는 것이다. 스스로 평가할 수 있음은 모든 기능이 자체의 내부에서 작동되고 있음을 말해주는 것이며, 이 기능이 완벽하다면 모든 것을 할 수 있다. 모든 것을 할 수 있는 것이 바로 신이자 우주이자 선인이다.

인간이 모든 것을 할 수 있기 위한 기본 조건은 자신이 스스로를 평가할 수 있음에서 시작한다. 자신을 만든 사람도 자신이며, 자신의 장점을 가장 잘 알고 있는 사람도 자신이고 자신의 단점을 가장 잘 알고 있는 사람도 자신이다. 자신의 능력을 가장 잘 알아야 할 사람도 자신이며, 자신에 대한 평가를 가장 정확히 할 수 있는 사람 역시 바로 자신인 것이다.

그러나 인간은 스스로 자신에 대한 평가를 타인으로부터 받기를 희망하여 왔다. 허나 어찌 자신에 대한 평가를 타인이 내릴 수 있을 것이며 타인의 평가에 자신을 맡길 것인가?

나에 대한 평가는 내가 내릴 수 있어야 하는 것이며, 내가 나에 대하여 내린 평가가 가장 정확해야 하는 것이며, 그 평가에 대하여 당당해야 하는 것이다. 타인이 나에 대하여 하는 평가는 나의 모든 부분을 고려하지 않고 한 것이므로 정확한 것이 아닌 것이다.

수선인들의 과제 "나는 누구인가?"는 자신에 대하여 정확히 평가하기 위한 기초자료이다. 누구에게 보여주자는 것이 아니라 남의 눈을 통하여 나를 다시 한 번 확인해 보는 것이다. 나의 부족한 점을 지적해 주는 것은 족집게 과외선생의 역할과 같은 것이며 그 이상 고마울 데가 없는 것이다.

결점을 가지고 있는 한 천수체로서 환천(還天: 선인이 되어 하늘로 돌아감)이 어렵다. 완전한 천수체로 돌아가기 위해서는 결점이 없어야 하며, 이 결점을 밝히고 드러내어 상호 간에 교정해 주는 것은 천수체로서의 해야 할 가장 필요한 역할이다.

타인의 결점을 지적해 주는 것은 천수체로서의 의무이며, 이 의무를 다하지 않는다면 자신의 결점 역시 보완 받을 수 있는 기회를 놓치는 것이니 대주천이 된 수련생들은 대주천 1호 수련생부터 결점을 지적해 주도록 하라.

이러한 수련과정에 대하여 범인(凡人)으로 있을 때는 수치심을 가질 수도 있을 것이나 천수체로서는 자동차의 고장 난 부분을 지적해 주는 것과 같은 이 과정을 겪지 않고 넘어갈 수는 없는 것이니 가장 고마운 일 중의 하나인 것이다.

대주천이 된 수련생들은 지금까지 상대방에 대하여 서운했던 것, 평소 가지고 있던 불만, 고쳐지지 않고 있는 문제 등을 남김없이 털어놓음으로써 평소 무겁던 것을 전부 털고 자신의 마음의 무게를 절반 이하로 줄여 보도록 하라.

털어내는 방법에 있어서도 가장 직접적으로 해당 수련생에게 자신의 불만을 털어놓고 상대는 이것을 수용할 수 있어야 하며, 이 모든 과정을 진심에서 상대를 위하고 자신을 위하여 하늘의 마음으로 진행하라.

1단계를 앞두고 바늘구멍을 통과하기 위해서는 마음의 때를 전부 털어야 하는 것이니 상대의 결점을 지적해 줌으로써 상대방이 좀 더 완벽한 선인 후보생이 될 수 있도록 도와주는 "자평수련(自評修鍊)"을 하도록 하라.

타 수련생의 결점을 지적해 준 모든 공이 자신의 공이 되고 타 수련생들이 나의 결점을 지적해 줌으로써 그 공에 대한 상을 받게 될 것이다.

하늘은 그 자체가 스스로 완벽한 것이니 하늘이 되기 위한 수련생들이 흠이 있다는 것은 선인이 되려함에 결격사유가 있는 것과 같은 것이다. 스스로 평가하는 것이 가장 중요한 것이니 자신의 평가에 의해 자신을 바라볼 수 있도록 하라. 자평수련을 통하여 하늘에 한 걸음 다가갈 수 있도록 하라.

도반의 충고는 하늘의 충고

자평수련은 스승이 시켜서 하는 것이 아니라 스스로 마음의 짐을 덜고자 하는 수련이다. 진도가 나갈수록 도반의 충고는 하늘의 충고가 도반을 통하여 내려오는 것이며, 도반 개개인의 충고가 아니다.

자신의 눈을 통하여 타 도반에게 내려오는 하늘의 충고에 사심(邪心)을 섞어서 전달한다면 그것은 도반으로서 할 일이 아니며, 오히려 업을 쌓는 일인 것이다. 따라서 동료 도반에게 하고 싶었으나 담아 두었던 말 중 하늘의 입장에서 반드시 해야 할 말이라고 생각되는 말을 숙고해서 전달할 것을 명한다.

사감(私感)은 버려라. 사감에서 하는 말은 오히려 역효과가 날 뿐이다. 자신이 하늘의 입장이라고 생각하면 상대방에게 어떠한 말을 해주어야 할 것인가 알 수 있을 것이다.

또한, 지적당한 사람이 보기에 혹 사감에서 하는 말로 생각되는 내용이 있을지라도 대주천이 된 수련생에게 전달되는 말은 천기로서 하늘의 말인 것이다.

마음의 때를 벗겨내는 과정은 대부분 스승에 의해 이루어지나 상당 부분 도반들에 의해 이루어지기도 한다.

목욕탕에서 자신이 스스로 때를 벗겨낼 수 있는 부분은 보이는 곳이며, 보이지 않는 부분의 때는 그대로 남아 있을 수밖에 없다. 나의 등에 때가 있음에도 보지 못하는 것은 부끄러운 일인 것이며, 이 때를 보아주고 닦아주는 도반은 진정 자신에게 가장 고마운 일을 해 주는 것으로서 감사해야 할 대상인 것이다.

스승은 방법을 알려주는 것이며 이 방법의 시행은 도반들끼리 서로 도와가며 해야 하는 것이다. 수련은 완성의 길을 가는 것이니 수련생들이 스스로 마음을 닦아내는 수련을 하게 되는 것이다.

자평수련으로 자신의 결점을 완벽히 지적 받고 이것을 마음으로부터 덜어내면 다음단계로 들어갈 준비가 되어 있는 것이다. 따라서 자평수련은 평상시에도 하는 것이 좋으며, 이 수련은 자신을 비추어 주는 거울과 같은 역할을 하는 것이다.

그러므로 이 수련을 통하여 거울을 보고 화장을 하듯 자신의 남는 부분을 덜어내고 부족한 점을 채워서 보다 영적으로 아름다운 자신의 모습을 가꾸어 갈 수 있는 것이다.

이제 수련정도가 나름대로 성숙된 수련생들이 많이 나왔다. 모두 마음을 열고 타인의 부족한 점을 알려줌으로써 자신의 부족한 점을 알아내어 메우도록 하라.

타인의 부족함은 곧 자신의 부족함이니 어찌 타인의 부족함이 다를 것인가? 타인의 말은 타인을 통하여 나온 말이나 그 말속에서 자신이 해야 할 말임에도 하지 못했던 말들을 골라낼 수 있어야 한다.

모두가 한 사람 한 사람 차례로 무대에 올라 자신의 부끄러운 모습을 비추어 주는 각광을 받는 것과 같으니 이러한 나의 치부가 이 세상뿐만 아니라 온 우주에서도 가장 가까운 스승과 도반들에 의해 벗겨지는 것은 부모의 질책보다 더 허물없는 것이다.

지적해준 도반은 나의 때를 더럽다 하지 않고 씻어준 도반이니 그 고마움을 알고 상호간에 마음으로 삼배하며 잠시 서로 스승의 예를 갖춘다면 모든 것을 버려 가벼이 보낼 수 있을 것이다.

이러한 절차가 없었더라면 나와는 무관한 다른 사람들에 의해 내가 구설에 올랐을 터이며 그것이 자신의 이미지로 고정되어 나도 모르는 또 하나의 내가 살아 움직이게 되는 것이니 그 또 하나의 이상한 나에 의하여 본래의 정상적인 내가 다치는 경우가 생기는 것이다.

허나 그 이상한 나는 바로 또 다른 나의 모습이니 그 나도 모르는 나의 모습을 정화함으로써 모두가 하나인 나의 모습을 만들어 나가는 것이 수련의 기초단계에서 반드시 필요한 것이다.

사랑으로 채워진 동료 도반의 말은 나에게 가장 가까운 말일 수 있으므로 잘 새겨들어야 하는 것이다. 고맙고도 고마운 일인 것이다.

선계의 당부 말씀

― 금번에는 갑자기 점수가 높아진 수련생이 많습니다. 어찌된 일인지요?

최근에 수선재에는 다양한 일들이 많이 있었다. 하늘은 일이 있으면 그 뒤에 할 수 있는 사람들을 보내는 법이다.

이제 수선재 수련생들의 수련에 가속도가 붙을 때가 되었다. 수련이란 가속도가 붙을 때 차고 넘어가야 할 과제가 오는 법이다. 이 과제는 다양한 형태로 나타난다. 이 때 정확한 답을 풀어 넘기는 수련생은 그 단계를 넘어서 일취월장하는 것이요, 그렇지 못한 수련생은 쉬어서 가는 것이다.

하지만 수련에 있어서는 쉴 여가가 없다고 보아야 하므로 쉬지 않고 가는 것이 좋다. 많은 수련생들이 수련에 대하여 겁을 내지 않을 단계가 되었다. 흔들려도 일정한 범위 내에서 흔들리므로 파장이 크지 않은 것이다.

수련생들은 앞으로 자신의 본성을 만날 수 있는 다양한 수련법을 접할 것이니 현재의 템포를 늦추지 말고 지속하여 금생에는 자신을 찾음에 실수가 없도록 하라.

수선재가 본궤도에 오르고 있으므로 자체의 넘치는 기쁨의 파장을 만들어 온 우주에 보낼 수 있을 것이다. 많은 수련생들의 진전을 경하한다.

– 당부의 말씀이 있으시온지요?

새로 대주천이 된 수련생들과 기 대주천이 된 수사들은 지금부터 다가올 수련에 대비하여 마음의 군살을 빼야 한다. 마음의 군살이란 바로 자신의 생각에 붙어있는 군더더기들로서 이것을 뺀다는 것은 바늘구멍을 통과하기 위한 낙타의 노력과 같은 것이다.

100점에 가까워진다는 것은 앞으로 1단계의 졸업시험이 남아 있는 것과 같아 더욱 집중하여 정진하여야 함을 암시해 주는 것이다. 이 시험은 다양한 형태로 내려오는 것이며 본인이 시험인줄 모르는 사이 지나가 버리기도 하는 것이다.

따라서 고득점을 한 수련생들은 자신을 더욱 낮추고 모든 것에서 교훈을 얻어야 한다. 점수가 높은 것은 자신을 그만큼 낮추라는 것이지 점수만큼 높음을 표현함이 아닌 것이 바로 선계수련의 채점결과인 것이다.

타인을 내려다보는 겸손치 못한 마음

자신의 결점을 보지 못하는 눈감긴 마음

자신을 자랑하고 싶은 내세우는 마음

타인의 충고를 받아들이지 못하는 닫힌 마음

등을 버려야 넘어갈 수 있는 단계가 눈앞에 와 있다.

진정 마음 깊은 곳으로부터의 겸손과 인내로 대비하여야 하는 것이다.

공부를 해 본 사람은 60점에서 80점은 20점 차이라도 비교적 수월히 점수를 올릴 수 있으나 94점에서 98점은 4점 차이지만 지금까지의 모든 노력보다 더한 노력을 기울여도 불가능한 부분이 있음을 알고 있을 것이다. 하물며 99점을 받아도 100점을 얻는다는 것이 쉽지 않을 것임은 두말할 나위가 없는 것이다.

따라서 수련을 열심히 하는 수련생들은 100점을 뚫지 못하고 90점대에서 모이게 된다. 현재에도 점수는 높으나 자신의 단점을 파악하지 못하는 등 기초가 부실하여 수련의 진전이 불안해 보이는 수련생도 있다.

100점의 획득은 1단계의 통과로서 한계를 시험하는 난관을 통과하여야 가능한 것이며, 속(俗)의 일에 비유한다면 오리엔테이션을 마치고 정식으로 선계 입학식을 치르는 것과 같은 것이다. 따라서 이 단계를 무사히 통과하기 위해서는 자신의 마음에 낀 군더더기를 모두 털고 넘어가는 것이 절대적으로 필요하다.

문 선생이 수련시절에는 이 단계에서 수개월 동안 점수가 0.1 정도 아래

위로 오르락내리락하면서 수없이 많은 '마음의 매'를 맞아가며 혼절할 정도의 고행을 하였고, 이 당시에는 지속적으로 냉온탕을 드나드는 것과 유사한 극기의 과정을 겪으며 넘어갔다.

허나 현재의 수련생들은 스승이 다양한 기운을 끌어다 보기(補氣)를 시키며 기초단계의 지도를 충실히 하므로 시간이 경과할수록 비교적 쉽게 진행되는 경향이 있으며, 스승이 수련 시에는 단독수련이었으나 현재의 수련생들은 많은 수의 수련생들이 함께 수련함으로써 얻어지는 시너지효과 역시 수련과정의 단축에 많은 도움을 주고 있다.

초기 수련생들만 하여도 약간의 수련 정도를 높이기 위하여 각고의 노력을 하였으나 후배들은 선배들이 닦아놓은 길을 감으로 인하여 많은 도움을 받고 있는 것이니 후배들의 경우 점수에 무관하게 선배에 대한 예의를 다하며, 항시 스승과 선배의 고마움을 잊지 않아야 다음 단계를 맞이할 준비가 되었다고 할 수 있다.

쉽게 넘어가고 있다는 것은 응용문제가 출제되었을 때 오답을 제출할 확률이 높음을 말해주는 것이며, 따라서 이 과정에서 다시 한번 자신을 돌아보고 다지며 넘어가지 않는다면 조만간 자신이 모래성을 쌓았음을 알 수 있는 것이니 마음을 비워 하늘을 담을 수 있도록 하라.

도의 길이란 그렇게 쉽게 갈 수 있는 것이 아니다. 기본을 충실히 하는 것이 다시 한번 간곡히 요구되는 바이니 "선계에 가고 싶다", "한국의 선인들" 등 수선재 수련의 지침서들을 수회 이상 정독하고 자신의 마음을 재정비하여야 할 것이다.

또한 자신에 대해 제출한 글을 재정비하면서 수련생 개개인이 자신만의 길을 찾아 들어갈 수 있는 준비를 하라. 선계 입학 시 시험문제와 통과해 들어가는 문은 개개인이 각기 다르니라.

"초각(初覺)은 자신에 대한 기초적인 정보를 아는 것이며, 이것은 호흡과 의식으로 가능하다. 이 단계에서 수련생들은 모든 것을 안 것과 같은 착각을 하게 되며 전부 깨달은 듯한 착각에 빠지는 것이다. 시험은 이 단계에서 가장 많이 오며 99%의 수련생들이 이 초각에서 중각으로 넘어가지 못하므로 결국 초각에서 수련을 멈추게 된다. 항해에 비하면 막 출항한 단계이다. 수련의 재미를 알고 기의 용법을 알아 수련이 재미있게 되며 급진전이 있는 것도 이 단계이다."

라고 하였으니 초각의 1단계에 있는 수선재의 모든 수련생들이 자신의 길을 찾아감에 실수가 없도록 하라.

수련생의 점수에 대하여

수련생의 경우 점수와 관련하여 보면 세 가지가 있다. 우선 고득점을 하고 나중에 수련으로 쌓아 올라가는 경우와 수련을 하고 나서 점수를 채우는 경우, 그리고 수련과 동일한 경우이다.

첫째의 경우는 수련보다 인간으로서 할 일이 있는 경우이다. 둘째는 수련 진도는 나갔으되 아직 마음이 따르지 못한 경우이다. 셋째는 수련진도와 인간적인 면이 동일한 경우이다. 수련생들은 각자의 유형에 따라 나름대로 점수 배분이 다른바 이러한 기준으로 보면 된다.

또한 수련 점수는 천천히 오르는 수련생이 있고, 빨리 오르는 수련생이 있다. 수련은 빨리 가는 것이 중요한 것이 아니라 끝까지 가는 것이 중요한 것이며 따라서 천천히 가더라도 마무리를 확실히 지을 수 있는 것이 가장 중요하다. 기초가 튼튼하다면 속도가 필요한 순간 속도를 낼 수 있으나 현재 잘 달리고 있다고 하여도 기초가 부실하다면 언젠가는 사고를 낼 요인이 잠재해 있는 것이다.

수련에 있어 가장 중요한 것은 기초를 튼튼히 하여야 할 수련생의 경우 기초를 든든히 하는 과정을 거치는 것이며 다른 부분이 필요한 수련생의 경우 다른 부분을 수련하는 것이다. 각자 자신에게 필요한 것을 확실히 하는 것이므로 타인과의 점수 차이가 나는 것이며, 각자에게 필요한 과정을 겪어 넘어가는 것이니 이것은 수련에 있어 절대 필요한 것이며 초조함을 가질 필요가 없는 것이다.

허나 수련을 열심히 하면서 수선재에서 본인의 역할을 다하고 있는 경우에도 오히려 점수가 하강하는 일이 있는 것을 볼 수 있다. 이것은 전생의 업을 해소하는 과정으로서 본인 모르는 해업 수련이 진행되는 것이며, 이 해업 수련으로 인하여 본인의 수련 기반이 더욱 단단해지는 것이다.

수련으로 인하여 해업이 진행되는 것은 수련기간 내내 계속되며, 이 해업은 자신의 기적인 감소로 나타나는 경우가 많다. 기적인 감소가 아니면 본인의 건강에 적신호가 오거나 재산상의 문제가 있거나 등등의 현상으로 나타나는바, 기적인 감소 즉 수련 점수의 하강으로 나타나는 것은 비교적 양호한 경우라고 할 수 있다.

내려갔다고 해서 본인의 점수가 아닌 것이 아니며, 그 내려간 점수 역시 본인의 울타리 안에서 관리되고 있는 것이니 너무 걱정하지 말 것. 자신의 것은 절대 도망가는 법이 없다.

반면 수련을 거의 하지 않는 경우에도 오히려 점수가 오르는 현상을 볼 수 있다. 어떤 수련생의 경우에는 수련에서 멀어지지 않고 마음으로라도 가까이 있는 것만으로도 자신의 할 일을 하고 있다고 할 수 있으므로 그런 것이다.

선인이 되는 길이 그리 쉬운 것이 아니며 근기에 따라 각기 자신의 할 일이 있고 할 수 있는 일이 있는 것이다. 각자 할 수 있는 일을 하는 것이 본인의 그릇의 크기와 입장에서 볼 때 수련을 제대로 하고 있다고 볼 수 있는 것이다. 그것이 평가되면 점수가 오르는 현상이 나타나는 것이다.

이와 같이 점수란 수련생 모두가 다른 것이며 다른 과정을 거쳐 내려지는 것이니 점수에 연연하기보다 수련에 치중한다면 점차 모든 것이 해결될 것이다.

중요한 것은 본인의 마음이며, 이것은 언젠가는 하늘이 알아서 평가해 주는 것이니 무심으로 들어 초연해 볼 수 있도록 할 것.

모든 것을 비우는 공심수련(空心修鍊)

하늘의 뜻은 "하늘의 뜻을 알고 하늘의 뜻을 펼 수 있으며, 결국 하늘이 되고 우주가 될 수 있는 인간을 양성하는 것"이다.

인간이 하늘의 뜻을 펴기 위해서는 일심동체가 되어 만적(萬敵: 만 가지 적, 마음속의 5천 가지와 마음 밖의 5천 가지로서 양쪽에 존재하며, 인간을 시험한다)을 무력화할 수 있어야 하며, 이 만적 중 얼마만한 적을 무력화할 수 있는 의지를 가졌는가에 따라 하늘화(天化)하는 것이다.

하늘의 뜻과 일치한다 함은 곧 자신이 하늘이 되는 것이니 하늘이 되면 이 세상의 모든 것이 곧 자신의 것이 되는 것이다.

모든 것을 버림이 중요한 이유는 버림이 곧 보다 큰 것을 얻음에 다가섬을 의미하는 것이니 이 버림을 모른다면 어찌 하늘을 알 수 있을 것인가?

하늘을 담을 만큼 비우고 나서야 하늘이 들어오는 것이며, 우주를 담을 만큼 비우고 나서야 우주가 들어오는 것이니 어찌 비우지 않고 얻을 수 있을 것인가? 소주잔을 비우면 소주잔만큼 받을 수 있는 것이요, 맥주잔만큼 비우면 맥주잔만큼 받을 수 있으니 하늘만큼 비우면 하늘을 받을 수 있는 것이다.

하늘이 보고자 하는 것은 바로 이 비움의 실체이며 이 비움의 실체를 확인하고 나면 바로 하늘이, 우주가 내려오는 것이다.

인간의 의지를 시험하는 것은 바로 이 비움을 시험하는 것이며, 영원히 살기 위해서는 금번 문 선생이 하고 있는 공부처럼 주어진 생명(生命) 조차도 버리는 공부를 하여야 하는 것이니, 목숨을 버리는 공부를 하여 얻을 수 있는 것은 바로 영생의 명(命)인 것이다.

*생명은 살아있는 동안의 명이며, 명은 우주가 존재하는 한 영원한 것임.

하늘의 기준은 곧 이 비움의 실체를 보고자 함이니 모두가 비운다면 하늘은 스스로 자신을 담아서 내려보내는 것이다.

인간 중에서 하늘의 뜻에 가까이 가 있는 인간을 본다는 것은 그 자체로서 하늘의 기쁨이자 영생의 명에 가까이 다가가는 것이니 생명을 버려 명을 얻는 것이 바로 공부인 것이다.

하늘은 비운만큼 채워주심을 알라.

인연이 아닌 인연

인연이란 수생의 인연이 쌓이고 쌓여 이루어지는 것이며, 속의 중생들이라면 가벼이 인연을 만들고 헤어짐이 있을 수 있으나 수선재의 수련생으로서는 썩 바람직하다고 볼 수 없는 것이다.

인간의 인연은 나름의 요건이 있다고 할 수 있으나 그러한 인연이 수련생이 되어서는 달라져야 한다는 것이다. 인간의 인연을 선계의 인연으로 승화시키는 기본적인 조건은 상대방의 하늘이 나의 하늘과 동일한가 여부에 있다.

상대방의 하늘은 100% 하늘이나 나의 하늘은 50%의 하늘이라면 이미 그 차이를 메울 수 있는 방법이 없으며, 그 차이로 인하여 현재의 수련마저 후퇴할 가능성도 있는 것이다.

수련생간의 자유연애는 자칫 인연이 아닌 것을 인연으로 착각하여 바람직하지 못한 결론을 유도하는 경우가 있을 수 있으며, 이 결과에 대하여는 스스로 책임을 져야 할 것이다.

스스로 져야 할 책임 중에는 수련으로 인한 진화를 포기하여야 하는 책임까지 포함되는 것이며, "인연이 아닌 인연을 만든 오류"를 "인연이 되는 인연으로 만드는 공부"로 바꿀 수 있는 노력은 공부 중에서도 큰 부분을 차지하는 情공부의 본질이 되는 것이다.

인간의 오욕칠정중의 본질로 들어가 보는 공부가 바로 정공부이며, 이 정공부를 제대로 하고 나면 수련의 진수가 보이는 것이니 인연이 아닌 인연에 연연하지 말고 이 시점에서 자신을 돌아보고 하늘의 뜻을 돌아보도록 해라.

상대를 볼 때는 하늘이라는 거울을 통하여 바라 볼 것이며, 하늘의 거울을 통하여 바라보았음에도 진정 자신의 뜻에 맞는 상대방이라면 함께 길을 가도 무방할 것이다.

하늘의 거울을 보려면 상대방과 자신이 하늘을 보고 누워 있는 모습을 상상하면서 하늘에 비추어 지는 자신과 상대방을 바라볼 수 있어야 한다.

이것 역시 수련의 한 과정이며, 이 과정을 거쳐 하늘이 알려주는 상대방의 모습을 바로 볼 수 있고 나서야 상대를 바로 골랐다고 할 수 있다. 하늘의 뜻에 일치하는 상대방을 만나고 나서야 결혼을 생각할 수 있는 것이다.

수련생들의 수준

- 현재 수선재 수련생들의 수준은 어떠한 지요? 선계가 바라시는 지구의 우주화를 이룰 수 있는 인재들인 지요?

모두 순수하며 영적으로는 높은 편이나 하늘의 뜻을 펴는데 요구되는 사회적, 경제적 지위는 열악한 분들이 많이 있습니다. 또한 도를 구하고자 하는 마음이 그다지 절실하지 않은 것 같습니다.

인간이 원래 그렇게 수준이 높은 것이 아니다. 수준이 낮은 것이 정상이며 수준이 높은 것은 이미 진화가 완료된 것이다.

수준이 낮은 자들이 천기를 받을 수 있는 것은 본성이 착하여 이 본성의 파장이 하늘에 전달되기 때문이다. 대체로 경제적인 부를 이룩한 사람이나 속세에서 자신의 목적을 달성한 사람들 중에는 도와의 인연이 먼 사람들이 많다. 이들은 향천 시까지도 하늘의 의미를 모르고 살아가는 경우가 대부분이며, 마음을 비우기 위하여 엄청난 고생을 하여야 하는 경우가 대부분이다.

인간이 마음을 비우기 위해서는 가진 것이 적은 자들이 적당한 경우가 많으며 수련생들이 어려운 형편과 부족한 경륜일지라도 이들에 의해 어떠한 변화가 주어질 가능성이 더 높은 것이다.

무능은 백지와 같이 개발하기에 따라 새로운 그림을 그릴 수 있는 것이며, 이미 그려진 그림이라면 지우고 그리기가 더욱 어려운 것이다.

선생의 수준이 높은 것이지 수련생들의 수준이 낮은 것이 아니다. 어느 종파, 어느 집단을 불문하고 지도자의 영성이 높아서 잘된 것이지 지도자의 수준은 낮으나 수련생이나 구성원들의 수준이 높아서 성공한 경우는 거의 없는 것이다.

수련생들의 수준이 낮기는 하나 이러한 수련생들의 마음에 새로움을 그려 넣기가 그래도 쉬운 것이니 너무 심려치 말라. 무식은 그 자체가 담을 곳이 많은 그릇과 같은 것이니 호흡으로 깨고 나가도록 하면 더욱 빨리 깨우칠 수도 있는 것이다.

모두들 집중적으로 호흡에 들어 호흡의 참 맛을 알도록 하면 그 중에서 인재가 발견될 것이다. 인재란 만들어지는 것이지 태어나는 것이 아님을 알라.

수선재는 인재를 만들어가기 위하여 준비를 하는 곳이다. 준비를 하고 나면 많은 인재들이 나올 것이니 부지런히 호흡을 할 것을 명한다. 호흡은 인간에게 주어진 가장 큰 혜택이자 수련생에게는 절대적인 지상명령인 것이다. 호흡으로 깨고 나가면 모든 것이 보일 것이다.

00지부장의 의통 능력

최근 00 수련생에게 내리는 기운은 정성으로 결집된 천기이다. 천기는 본인의 역량에 따라 각종의 기능을 발휘할 수 있으며 본인이 이 기운을 조정하기에 따라 질병을 고치고 진화를 이룩함에 수단으로 작용할 수 있다.

이렇게 기운의 지원을 받을 경우 수련생들은 특히 조심하여 마음을 잘 써야 하며 기운을 하늘이 시키는 이외의 일에 사용하여서는 안 된다. 천기는 시험의 대상이 아니며 이러한 기회에 자신의 마음 씀씀이를 잘 간직한다면 진화의 도약을 이룰 수 있다.

특히 천기를 통하여 타인의 질병이 악화되는 것을 멈추거나 치료할 경우 매일 수련 전후에 하늘에 대하여 기도함을 잊지 않도록 할 것. 그리고 이러한 능력이 자신의 것이 아니며, 하늘의 것임을 잊지 말 것이며, 이 기운의 단계에 머무는 일이 없도록 할 것.

수련의 단계에서 의통은 한번 거쳐가는 것이며, 이러한 역량이 내려왔을 때 더욱 호흡에 주력하고 겸손 하는 마음을 가질 것. 그 동안의 수련이 마음에서 나름의 근거를 확보한 축복이니 항시 마음을 바르게 할 것이며 하늘과 스승에게 감사할 것.

앞으로 이러한 역량은 각 수련생에 따라 다른 형태로 내려올 수 있다. 점차 수련생들에게 이 같은 능력이 수련지도 등 자신과 타인의 진화에 도움이 되는 방향으로 내려올 것이니 이러한 기회에 어떠한 것이 자신의 것인가를 알아내어 수련이 진일보할 수 있도록 할 것. 00 지부장의 수련에서의 진전을 축하한다.

엄00의 호흡 법

- 최근 호흡이 길어지고 있으며 한 호흡이 20분도 가능하다고 합니다. 장호흡의 장단점을 문의합니다.

장호흡은 수련에서 파장을 낮추기 위한 기본적 방법이다. 수련이 진전됨에 따라 뇌파를 낮추는 데는 장호흡이 가장 좋은 방법임은 틀림이 없다. 호흡에 의식을 묶어 의식과 호흡이 함께 낮아진다는 것은 곧 파장의 저하로 인하여 알파 파장 대역에 들어갈 수 있는 방법이다.

허나 장호흡이 무조건 좋은 것은 아니다. 의식과 병행할 수 있는 장호흡이 좋은 것이며 수련에서 권장되고 있는 것이다. 의식과 병행하여 뇌파를 낮출 수 있다면 길수록 좋은 것이나 무조건적인 장호흡은 뇌에 산소부족 현상을 가져옴으로 인하여 혼미한 상태에서 무아를 경험한 듯한 착각을 불러오는 것이니 장호흡을 하더라도 일어섰을 때 어지럽지 않을 정도의 호흡이 필요하다.

현재 엄이 하고 있는 호흡은 길기는 하나 위와 같은 상태에서의 호흡이므로 엄은 2분 이하로 호흡을 조절하도록 하라.

수련생들은 이러한 호흡을 무조건 따라하기보다는 자신의 체력이 바탕이 되는 위에서 적당한 길이의 호흡을 할 것을 요한다. 모든 수련생들은 이러한 것을 감안하여 체력이 유지될 수 있는 선에서 점차 장호흡으로 갈 것을 권한다.

대체로 1분 이상이면 집중하였을 때 알파 파장을 느껴볼 수 있다.

5

선명, 선계에서 사용하는 이름

선명의 의미

仙名[1]은 속계의 수련생들에게 박사과정에서의 지도교수가 정해지는 것과 같다. 수련 중 다가오는 많은 고비를 용이하게 넘어갈 수 있도록 도움을 줄 것이며, 수련의 진행과정에서 자신이 받은 선명을 사용하시는 선인과 대화가 될 경우 많은 도움을 받을 수 있을 것이다.

속세에서 예술 등 고난도의 기능을 연마하여야 하는 경우나 학문의 길에서 석,박사 학위 과정에서는 지도교수가 정해지는 것과 유사하다고 할 수 있으나 이보다 훨씬 수준이 높은 것이다. 타종교에서 모범이 될만한 선배 종교인을 세례명으로 하는 경우보다는 훨씬 깊고 직접적인 의미라고 할 수 있다.

모든 것이 처음에는 여러 명이 함께 배우나 난이도가 높아질수록 한 분의 스승에게 사사 받을 필요가 있으며 자신의 실력은 그 스승으로부터 집중적으로 수련을 받아 더욱 심화되는 것이다.

단순히 호칭을 하는 것만으로 그치는 경우와 달리 선명의 주체인 선계의 선배로부터 직접 기운을 지원 받을 수 있으며 이 기운의 지원으로 수련에 직, 간접적인 도움을 받게 된다.

---

1) 선계는 이름으로 역할을 부여하는 세계로 선명수사는 선계에 이르면 선명에 해당하는 역할을 하게 됩니다. 현재 80여명의 선명수사가 있습니다. 선명의 예) 이두, 이랑, 이호..

속계수련 시 스승으로부터 내려 받는 경우와 수련 선배로부터 지도 받는 경우에는 선계의 기운과 더불어 스승과 선배의 기운이 지원되었으나 단독 수련 시에는 일반적인 선계의 기운이 지원되어 왔다. 허나 선명 부여 이후에는 기존의 기운 이외에 해당 선인이 지원하는 기운이 함께 내려오게 되는 것이다.

현재 선명을 부여받은 수련생들의 경우 다소 수련 단계의 미흡함이 있음에도 그 동안의 공로는 인정받아 선배 선인들의 기운 지원이 있을 것이다.

공동수련 시에는 종전과 같은 방법으로 하면 된다. 단독 수련 시에는 팔문원을 향하여 삼배를 한 후 해당 선인을 의념하여 온몸으로 기운을 받아서 자신을 씻어내고 자신이 맑아진 이후에는 그 기운을 단전으로 모을 것.

선명은 팔문원의 아래쪽에 정성을 다하여 새겨 넣은 후 단독 수련 장소에 걸어두고 수련 시 사용하도록 한다. 선명 사용 이후에는 스스로 수련에 한층 정성을 다하여야 하며, 이러한 정성의 량만큼 기운의 지원이 있게 된다.

선명을 부여받고 나면 매사의 진행에 있어 혼자가 아니며, 자신을 더욱 살펴주는 선인과 함께임을 명심하여 모든 행동에 유의할 것.

* 지도선인은 0등급 이상의 선인들로서 수련생들이 일정단계에 오를 때까지

바라보는 수준이셨고, 이분들은 모두 0등급 이상으로서 선계에서도 지도층의 선인들이십니다. 선명을 받으신 분들은 지도선인이 이분들로 바뀌셨습니다.

수선재의 수련생들의 정성에 대한 선계의 보답이기도 한 것이니 감사히 생각할 것.

선명반 용신 수련

용신(用神) :

오행이란 우주의 모든 곳에 존재하는 다섯 가지 기운의 유형으로서 이 다섯 가지의 완벽한 균형이 상호 조화를 이루어 합일된 것이 우주기운이며, 그 전 단계에서는 다섯 가지 기운이 별개로 구분이 되어 있으므로 오행이라 불리는 것이다.

완벽한 기운은 그 자체가 모든 방향성과 에너지가 갖추어진 상태로서 상하, 좌우로 360도보다 훨씬 세밀한 36,000도의 전방위적 조망이 가능하며 따라서 완전구형으로 뻗친다.

허나 오행의 하나하나를 구성하고 있는 목, 화, 토, 금, 수의 불균형한 기운은 향하는 방향이 스스로 나가고자 하는 방향으로만 향하므로 나름의 운동특성을 지니게 되는 것이다.

오행(五行)이라 불리는 이유는 각기 나가고자 하는 방향이 다름에서 연유된 것이며, 천수체나 지수체 등 미완의 상태로 태어난 이상 다섯 가지 기운이 균형을 이루지 못한 상태로 구성되어 있으므로 부족한 방향으로 기울어지는 운동에너지가 부여되는 것이다.

인간은 생명과정의 특성상 필연적으로 불균형을 내포하기 마련이며, 이 불균형이 바로 인간의 진화에 기여하는 가장 결정적 요인이 되는 것이다.

이 불균형을 균형상태로 변화시킴으로써 인간이 하늘과 우주에 가까워지게 되는 것이며, 마음으로 가든, 수련으로 가든 오행의 균형달성은 선인화의 과정에서 가장 중요한 목표 중의 하나가 되는 것이다.

따라서 출생 시 자신이 받은 기운을 분석하여 부족한 기운을 채우고, 남는 기운을 내보내어 나름의 균형을 이루어 가는 상태가 수련생들이 걸어가는 과정인 것이다.

용신은 오행 중 불균형이 있는 부분을 해결해주는 기운으로서 수련은 자신의 용신을 찾아가는 과정이라고도 볼 수 있으며, 이것을 알면 자신의 약점을 보완할 수 있다. 즉 수련의 열쇠를 구하는 것과 같아 많은 진전을 이룰 수 있는 것이다.

용신은 때로는 드러나 보이기도 하고 때로는 숨어 있기도 하다. 또한 한 가지 기운만 부족한 경우도 있으며, 두 가지 기운이 병행하여 부족한 경우도 있다. 이러한 경우 대개는 7:3이나 6:4로서 두 가지 기운이 합하여 용신을 구성하게 되나 대개 가장 결정적인 한 가지를 갖춤으로써 보충될 수 있는 여건을 구비하게 된다.

수련이 어느 정도 경지에 오르면 현재의 상태만으로는 진화가 힘겨우므로 자신의 부족한 점을 알아서 이 부분을 보충해 줄 수 있는 방법을 알아야 하는바 학생들이 특별 개인교습을 받는 것과 같은 효과가 나타나게 되는 것이다.

따라서 각기 자신에게 결핍된 기운을 찾아서 수련 시나 평상시에 끌어당김을 습관화하면 많은 부분에서 진화에 도움이 될 것이다.

용신은 현용신과 잠용신으로 구분되며, 현용신은 사주를 봄으로써 초보자도 쉽게 알아낼 수 있으나 잠용신은 본래의 구성상 존재하는 것으로서 그냥 보아서는 알 수 없는 경우가 많다.

역학을 통하여 확인할 수 있는 이외의 것에 대하여는 기적인 판단이 필요하다. 기적인 판단은 아주 정밀할 필요가 있으며, 색으로 판별해 보면 대체로 오행의 색깔 중 미색에 가까운 기운이 용신이 된다.

이 색 역시 수련에 들어서 보면 사람에 따라 金이 미색으로 나타나는 경우도 있고, 水가 미색으로 나타나는 경우도 있으며, 火가 미색으로 보이는 경우도 있어 집중하여 살펴봄으로써 분별해 내야 한다.

부족한 기운을 보충하는 방법은 색을 의념하는 방법도 있고, 맛을 의념하는 방법도 있으며, 방향을 의념하는 방법 등 다양한 방법이 있으니 본인이 편리한 방법을 사용하면 된다.

각 색깔이 특성이 있으나 이 모든 색이 조화를 이루어야 햇볕이 되는 것과 같으니 우주기운은 모든 기운이 조화를 이룬 기운인 까닭이다.

프리즘으로 분석한 기운 중 어느 한 가지 부족한 기운을 보충함으로써 하늘과 우주의 빛과 같은 상태로 자신을 진화시켜 나가야 하는 것이다.

이러한 균형상태를 이룸이 바로 선인이 되는 길이며, 선인이 되었다 함은 바로 균형상태를 달성하였다는 의미가 되는 것이다.

용신은 두 가지 방법을 이용한다.

첫 번째는 부족한 것을 구해서 채우는 것이다. 이것은 순리로 대하는 방법으로서 일반적인 경우이다. 보통 사람의 경우에 사용가능하다.

둘째는 남는 것을 더욱 많이 채움으로써 충이 되어 사라지게 하는 방법이다. 역으로 치는 방법으로서 이 방법을 사용하면 많이 남는 것이 더욱 많게 되어 스스로 줄어들게 되는 것이다. 수련에 들어 나름의 기적 운용방법을 안 경우에 이용할 수 있다. 신속한 방법 중의 하나이다.

용신은 이렇게 두 가지 방법을 사용하여 각 개인에게 도움이 되도록 함으로써 인간을 균형으로 이끈다.

균형은 마음을 가라앉히는 일이며, 균형은 곧 사실을 바로 보고 바로 판단할 수 있는 일이니 균형의 달성은 곧 자신의 완성을 일컫는 말인 까닭이다.

오행조견표 :

오행(五行)	목(木)	화(火)	토(土)	금(金)	수(水)
방향(方向)	동(東)	남(南)	중앙(中央)	서(西)	북(北)
계절(季節)	춘(春)	하(夏)	사계(四季)	추(秋)	동(冬)
색깔	청(靑)	적(赤)	황(黃)	백(白)	흑(黑)
맛	신맛	쓴맛	단맛	매운맛	짠맛
성질	인(仁)	예(禮)	신(信)	의(義)	지(智)
수리(數理)	3,8	2,7	5,10	4,9	1,6
오장(五臟)	간장(肝臟)	심장(心臟)	위장(胃腸)	폐(肺)	신장(腎臟)
동물	청룡	주작	구진,등사	백호	현무
오음(五音)	각(角)	치(徵)	궁(宮)	상(商)	우(羽)

* 자신의 용신이 사주와 다른 경우가 있습니다. 사주는 태어날 때 부여받은 기운으로서 25%를 차지하는 기운입니다. 그밖에 환경, 유전인자, 이름, 체질, 질병, 수련 등으로 점차 용신이 변화되는 것입니다.

이번에 제시하는 용신은 현재까지의 기운을 총망라한 용신입니다. 각자의 기운이 균형을 이룰 때 까지 용신 수련을 하고자 합니다.

용신 수련은 선계로 향하는 지름길을 여는 수련으로서 자신의 정확한 용신을 알면 수련의 절반은 안 것이나 마찬가지입니다.

수련생의 외로움에 대하여

우울증은 수련과정에서 겪어 넘겨야 할 과제 중의 하나이다. 고해에서 공부 중인 이 세상의 모든 이들이 이러한 현상을 겪고 있는바 인간의 몸을 가지고 공부중인 이상 수련생이라고 해서 이러한 규칙에서 자유로운 것은 아니다. 스승 역시 이러한 증상을 가지고 있었으며, 이러한 증상으로 인하여 많은 정신적 고초를 겪고 공부를 하였던 것이다.

이러한 것은 심력의 부족이 그 근본적인 원인 중의 하나이며 성현들이라고 해서 그들이 가진 것으로 풀어 넘긴 것이 아님은 너무나 잘 알고 있는 것이다.

수련이 진행될수록 심력으로 풀어 넘어가는 것이며, 심력의 원천인 우주에 마음의 끈이 도달하게 되면 기운이 지원되어 가벼이 넘어갈 수 있는 것이다. 심력이란 전력과 같아 선을 타고 전달되는바 그 선이란 바로 우주의 본체에서 개개인에게 전달하는 경로인 것이다.

선명반 수련생들의 경우 지금은 스승을 통하여 전달되고 있는 량이 절반이며 직접 전달되는 량이 절반이다. 허나 수련이 진전되어 감에 따라 언젠가는 모두에게 직접 전달될 것인바 힘을 내도록 하라.

대부분 수련생들의 현재의 상태는 인간의 몸으로 하늘 수련을 함에 있어 겪어야 할 필수적인 과정 중의 하나이다. 모든 수련생들이 겪어야 하고 반드시 극복해야 할 과제인 것이다.

외로움을 겪는다는 것은 곧 자신에 대한 인식의 기본이며, 이 과정을 겪으면서 스스로 힘을 키워 홀로 서는 것이지 외로움을 모르고 홀로 서는 것이 아니기 때문이다. 외로움은 독립의 기초로서 집으로 말하면 주춧돌과 같은 것이다.

스승의 경우 혼자 공부함으로 인하여 주변에 대화 상대가 없어 문제가 된 바 있으나 현재 수련생들의 경우는 많은 도반으로 인하여 대부분의 문제를 해결하고 있으니 얼마나 다행인 것인가? 기존의 선인들 중 그러한 시기를 몇 년간 넘기지 않은 선배가 누가 있을 것으로 생각하는가?

공부란 그래서 힘겨운 것이지 기운을 모으기 위해 힘겨운 것이 아닌 것이다. 생활이 곧 공부이며, 공부가 곧 생활이니 모든 것이 하나로 되어가는 까닭이다.

이러한 과정 역시 겪어 넘기고 나면 한낱 가벼운 과정으로 생각될 것이며, 진정 후학들에게 삶의 진실에 대하여 가르침을 줄 수 있는 부분이 생길 것이다.

힘겨움은 다양한 형태로 올 수 있는 것이다. 모든 수련생들은 적절히 휴식을 병행하면서 힘을 보충하는 방법을 연구해 볼 것. 절대로 약해지면 겪어 넘길 수 없음을 알아야 하며, 죽음에의 유혹 역시 인간의 기본인 유한성에 대한 자각증상 중의 하나인 것이다. 모든 수련생들은 심력의 의미를 화두로 삼아 수련에 매진할 것.

(선명 1주년 기념 천서)

선명반납에 대하여

선명이란 아무에게나 내리는 것이 아니며, 선명을 받았다면 이에 대하여 최선을 다함으로써 하늘의 뜻에 보답하여야 한다. 선명을 받고도 이에 보답하지 못하여 선명을 회수 당함은 현재의 본인뿐 아니라 본래의 자신에 대한 수치이자 인간 능력의 한계를 보이는 것이라고 할 수 있다.

인간의 육신을 통한 생명은 유한하나 명은 무한한바, 명의 세계에 들어 우주의 본체로서 영생의 자신을 가꾸고자 하는 뜻을 하늘이 받아들여 선명을 하사한 것인바 선명에 대한 예의를 다하지 못함으로써 이러한 조치를 하여야 함은 참으로 애석한 일이라고 할 수 있다.

허나 선명을 거두어야 할 정도로 공부과정에서 극기에 소홀함이 있었다면 그 역시 선명을 간직하지 아니한 상태에서 속의 공부를 마무리한 후 나름의 기준을 충족하였을 때 다시 선명을 받음이 도리일 것이다.

선명이란 수련생이 하늘에 등재됨을 의미하는 것이며, 하늘에 등재되었다 함은 하늘에서 살펴주시는 대상이 되었음이니 수련을 열심히 한다면 수련으로 인한 모든 가능성이 열릴 계기가 주어짐을 말하는 것이다.

그러함에도 이에 대한 중요성을 망각하고 자신의 위치를 상실하는 행동으로 하늘의 뜻을 저버렸다 함은 다시 선명을 받음에 있어 상당한 제약이 따를 것임을 시사해주는 것이다.

금번의 선명 반납은 수선재의 수련생으로서 역할이 어려움을 말해주는 것으로서 수사로서 받았던 혜택까지도 고려의 대상이 되었음을 알리는 바이다.

선명을 반납하여야 하는 수련생들은 각자 본래의 자신에 대하여 지은 죄를 뉘우침은 물론 깊은 반성으로써 현재의 자신을 지금까지 키워준 본래의 자신에 대하여 참회의 시간을 가져야 할 것이다.

선명 반납으로 인한 가장 큰 죄는 스승에 대한 것도 아니며, 도반들에 대한 것도 아니고 하늘에 대한 것은 더욱 아니다. 본래의 자신에 대한 죄가 가장 큰 죄이며 이 죄는 업 중에서도 큰 업으로서 무엇으로도 씻기 어려운 죄가 될 것이다. 하늘의 슬픔은 곧 본래의 자신의 슬픔이자 현재의 자신을 버림에 대한 아픔인 것이다.

선명을 반납당한 수련생들은 극기의 수련으로 속히 본래의 자신과 다시 만날 수 있도록 수련을 강화할 것을 명한다. 하늘의 뜻은 본래의 자신의 뜻이기도 한 것이니 자신의 기대에 어긋나지 않음은 수련생으로서 무엇보다 큰 의무이기도 한 것이니라.

선명 회수에 대하여

선명이란 선계의 뜻에 의해 수련생들에게 내려진 이름으로서 선배 선인들이 자신의 이름을 사용해도 무방한 수련생들을 정하여 기운을 내려줄 것임을 의미하는 것이다. 선명은 그 자체로서 이미 상당한 영광이자 수련생으로서 더 이상 있을 수 없는 기회이기도 한 것이다.

허나 선명을 받은 것은 그에 해당하는 수련과 행동을 함으로써 그 뜻을 살릴 수 있는 것이며, 그 의미를 살리지 못한다면 선명을 반납하고 아니고를 떠나서 이미 그 효과가 다한 것이라고 할 수 있다.

세종대왕, 광개토대왕, 이순신 장군 등의 이름을 사용할 수 있도록 하늘로부터 허용이 된다면 어떠한 마음가짐으로 받아들여 살아갈 것인가?

경건함과 신중함으로 매사가 조심스러울 것이다. 무당들은 하찮은 신의 내림을 받으면서도 그 신의 영향력을 간직하기 위하여 수시로 굿 당을 찾아 기도를 한다.

하물며 인간으로서 모범을 보이는 정도의 선배도 아닌 높은 등급으로 선계에 입적한 수련 선배들의 이름을 내려받고 그들이 기운으로 살펴준다는 것은 이미 평소 가까이할 수 없는 너무나 먼 분들이기에 실제로 느낌이 약할 수 있으나 인간으로서 받을 수 있는 최상의 이름으로서 너무나도 무거운 짐을 진 것이라고 할 수 있다.

선명이 있는 것과 없는 것은 자신을 직접 살펴주는 선인이 있고 없음을 말하는 것이니 이미 수선재의 선배, 동료, 후학들이 보기에 선명을 간직할 자격이 없다고 보아질 수 있는 행동을 하고 있다면 그 수련생으로부터 하늘이 선명을 거두어 갈 시기가 되었음을 말하는 것이다.

선명이란 절대적인 것이 아니며 가변적인 것이니 거두어 가는 것 역시 내려주는 것과 같이 자연스런 일인 것이다.

선명이란 곧 그 수련생에 대한 하늘의 보살핌을 말해주는 것이며 이러한 보살핌은 수련을 하는 기간 내내 자신의 주변을 천기로 감싸 방벽이 되므로 큰일을 작게, 작은 일은 겪지 않고 넘어가도록 하게 되는 것이다.

스스로 선명을 반납하려는 의사를 밝힌 수련생들은 자신의 뜻을 지속적으로 견지하여 금번 선명이 반납되더라도 수련에 매진하여 추후 다시 선명을 받을 수 있도록 할 것이며, 그렇지 않으나 타의에 의해 선명을 유지할 자격이 결여되었음이 공언된 수련생들은 자신의 의견에 반하여 선명을 회수할 것이다.

선명이란 그 선명에 해당하는 수련생으로서의 행동이 따라야 유지가 가능한 것이며 그렇지 않다면 선명을 내린 스승의 뜻에도 불구하고 하늘의 조치가 내려지는 것이다.

수련의 때를 지운다 함은 다시 초심으로 돌아가 수련생의 자세를 갖추는 것과 같은 것이니 이미 수련에 들어 수년이 된 수련생들은 이러한 기회를 가져야 할 필요가 있다.

수련의 때는 수련에 대한 고정관념일 수도 있으며 이것이 오히려 수련을 방해하는 수가 있으니 지금까지 수련을 하기는 하였으되 하늘의 원리를 이해하지 못해 깨이지 못하였다면 그것이 업이 되어 수련에 장애가 될 수 있다.

수영을 하려 물에 들어갔으나 수영을 하지 않는다면 오히려 물때가 끼이는 것과 같은 이치로 오히려 물에 들어가지 않은 것보다 못한 결과를 가져올 것이니 스스로 돌아보아 과연 진도에 차질이 없었는지 확인해보고 남을 원망하는 마음으로 살고 있지 않았는가 돌아볼 것.

특히 일거수일투족을 선계의 지침에 따라 움직이는 스승에 대하여 비판하거나 원망하는 마음을 지니고 있다면 그것은 곧 하늘에 대한 원망의 표현이니 가장 큰 결격사유라고 볼 수 있다.

선명은 그것을 유지할 자격을 갖추었을 때 하늘이 살펴주는 것이다. 인명을 다하고 나면 천명이 있는 것이니 어찌 진인사를 다하지 않고 천명을 기다릴 것인가?

앞으로 나아가는 수련생은 뒤를 돌아다 볼 여유가 없으므로 항상 앞서가는 기운을 받는 것이나 제자리에 있는 다면 후학들이 앞서 나가게 되니 돌아보면 뒤로 가 있음을 알 수 있을 것이다. 우주가 진화하는 만큼 매일 나가야 제자리에 있는 것인바 나가지 않고 멈춘다면 그것이 곧 퇴보인 것이다. 매일을 새로운 진리를 맞으면서 수련에 임할 수 있도록 할 것.

선명은 하늘이 알아서 관장할 것이니 자평에 무관하게 양심(우주의 마음)에 따라 처리될 것이다.

6

선계수련의 볼텍스를 찾아서 – 국내행련

선계수련의 볼텍스

선계수련의 볼텍스는 천기가 모이는 장소로서 마음을 비우고 천기를 받아 수련을 진전시킴에 도움이 되는 곳이다. 그러므로 지기(地氣)의 집결 내지는 분출 장소인 볼텍스 개념과는 상이하다.

따라서 명칭 역시 달라야 하나 기가 장한 지역이라는 면에서는 동일하므로 이러한 면에서 이해를 돕기 위하여 우선 동일한 명칭을 사용하나 깊이 들어가면 그 의미가 다르다.

천기는 지기와 달라 한 곳을 지정하여 내려오는 것이 아니라 하강하는 지역 일대에 기운이 형성된다. 지기는 땅에서 솟아 나오므로 우물과 같이 일정한 곳을 중심으로 나오며 골짜기나 분지에서 장한 반면 천기는 하늘에서 내려오는 것이므로 바람과 같아 흐르고 싶은 방향으로 갈 수 있다. 예를 들어 서울의 강남 지역에서 천기가 내려오면 강남 일대가 장해지되 그것을 양재지부나 관악지부로 당겨서 쓸 수 있는 것이다.

천기는 넓게 퍼지는 성격을 갖고 있으므로 천기의 집결 장소는 대개 골짜기가 아닌 평지와 구릉지대 및 고원지대의 평탄한 지형이며, 천기가 내려오면서 스치거나 내려온 천기가 지기와 반응하는 곳이다.

대부분의 선계 볼텍스는 천기가 스치면서 지기와 반응을 일으키는 곳이며 선인이나 인간의 역량에 따라 반응의 정도가 강렬해 지기도 한다.

이러한 선계의 볼텍스는 지기의 분출장소와 달리 바람이 불듯 장소를 옮기기도 하나 대개가 계절풍이 부는 방향과 장소가 일정하듯 천기가 내려오는 곳 역시 일정한 지역 내에 한정된다.

제갈량이 남동풍을 기다린 것은 천기와 지기의 반응을 이용한 것이며, 이러한 천기와 지기의 반응을 이용하면 생각지 못했던 다양한 이점을 얻을 수 있다.

수련생들의 입장에서 선계의 볼텍스를 순회하면서 수련을 하는 것이 좋으나 대개가 그 부근에서 행련을 하면 천기가 감응하게 된다. 이같이 광범위한 지역에 내리는 것이 천기이며 이 천기를 끌어오는 것은 수련생들의 의념이다.

지상에서 비는 구름이 있는 곳에서 내리므로 지상의 가뭄과는 무관하게 내리지만 천기는 평소에 내려오던 것이 인간의 수련으로 그 하강하는 강도가 달라질 수 있는 것이다. 그러므로 수련생의 의념 정도는 천기의 강도를 높임에 결정적인 요인이 되는 것이다.

천기를 받을 수 있는 장소는 일정한 지역 일대이므로 그 지역 부근의 지세를 보아 수련장을 설립한 후 수련을 하면 천기가 내려오도록 되어 있는 것이다.

이 천기의 안내도 역할을 하는 것이 안테나이며, 이 안테나를 이용한 수련이 선계와 연결될 수 있는 것은 안테나가 천기를 통하여 내려오는 조물주의 메시지를 전달할 수 있기 때문이다.

평범한 인간은 빛을 조명으로 사용하나 과학을 익히면 신호를 전달하는 기능을 사용할 줄 알며, 그 이상으로 가면 광통신케이블을 통하여 수많은 정보를 보내고 받을 수 있듯 수련 정도에 따라 천기를 통하여 인간이 받을 수 있는 것은 바로 본성과의 만남과 일체화 즉 수련의 완성이다.

단0산에 대한 문의 (이지함 선인과의 대화)

– 단0산에 대하여 문의합니다. 00산이 맞는지요?

00산의 000일대가 단0산입니다. 빨래터는 황0리 000근처에서 0으로 들어가는 길목입니다.

– 선인께서 내려주신 가르침을 후세들이 깨달아 선인이 되고자 합니다. 길이 먼 줄 알고 있으나 선인께서 인도해 주신다면 많은 후손들이 선인이 될 수 있을 것 같습니다. 지원이 가능할런지요?

가능합니다.
00산은 원래 지기(地氣)와 해기(海氣)가 맞물려 승화하는 곳이고, 이곳의 기운은 그 자체로서만도 상당히 강력한 곳이므로 단0산에서 수련을 할 경우 온 몸의 혈을 전부 열어놓고 자신의 모든 탁기를 내보내도 사기가 범접할 수 없는 곳입니다.

이러한 곳을 찾아 기운을 보충하는 것은 많은 도움이 될 것입니다. 열심히 축기한다면 선기(仙氣)를 많이 받을 수 있을 것이니 전념해서 수련을 해 보도록 하면 저도 미력이나마 기운을 보내도록 하겠습니다.

- 감사합니다. 모두 수련을 열심히 하다가 힘이 빠져있는 상태입니다.

수련을 하면서 힘이 빠지지 않음은 불가한 일입니다. 힘이 빠지는 것만큼 선기가 들어찰 부분이 늘어나는 것이지요. 단0산의 발견이 수련에 있어 전기가 될 분들이 있습니다.

- 그대로 전하도록 하겠습니다. 열심히들 할 것입니다. 이번 행련에 특별히 요구되는 사항은 없는지요?

이번을 시발로 한국의 선인들에 나오는 선인님들의 터를 지속적으로 방문하고자 합니다.

정성을 들이도록 하여야 합니다. 산 입구에서 입산제를 지내 땅에 고하고 단0산에서 다시 천제를 지내 하늘에 고하도록 하십시오. 하늘과 땅에 감사드리는 의식입니다. 과일 등을 준비하여 제를 지낸 후 입산한다면 현재의 산신이 기운을 지원할 것입니다.

- 사진에 나온 빛은 무엇인지요? 제가 산신에게 안내를 요청하기는 했었습니다만..

사진에 나온 것은 비행접시는 아니나 기운 그 자체입니다. 이 기운은 자신의 의사를 가지고 있는 기운이므로 원한다면 항상 비행접시 등으로 변할 수 있는 기운입니다. 사진 촬영 당시에는 OO 수련생의 앞에서 안내하며 기 청소를 하는 역할을 하고 있었습니다.

좋은 일입니다. 선인들의 터를 방문하는 것은 좋은 일이니 지속적으로 하도록 하면 좋을 것입니다. 정성을 앞장세우면 모든 면에서 좋은 결과가 나올 것입니다.

우주 기운의 기준점, 단0산 산신

보통 인간의 모습처럼 산과 분리되어 있는 모습이 아니라 산과 일체가 되어 있는 산신이다. 산 정상을 파고 부처님의 상반신까지 묻어놓은 것과 같은 모습이다. 즉 사람의 허리 아래가 산 정상에 묻혀있는 모습을 상상하면 된다.

단0산 산신의 발바닥 위치는 평지의 높이이다. 옷은 도포차림이다. 해발 800미터 정도의 높이가 단0산 산신의 허리 정도에 해당하며 나머지 상반신은 산 정상의 위로 나와 있다. (산신의 키는 1.5km 정도임)

이 산의 산신은 이동하거나 움직이는 법이 없이 항상 한자리에서 기운의 기준점을 잡고 있다. 인근 산들의 기운은 기준 산의 기운을 기준으로 하여 정해진다.

이러한 기운의 기준점은 타 산신들이 이리 저리 다니는 것과 달리 절대로 한자리를 떠나지 않아 야 할 필요성이 있기 때문이다. 항해 시 등대와 같은 역할을 하는 산이며, 전 우주에서도 기운의 기준으로 사용하는 곳이므로 산신이 이러한 모습을 하고 있는 것이다.

산신의 성함은 진0 선인이시며, 선계 0등급에 해당한다. 현재의 단0산 산신은 5대째 산신이며, 이 산을 담당한지 약 3천여 년 되었다. 그 이전에는 화0 선인이며, 0등급이었으나 현재는 0등급으로 승격되신 분이다.

어느 산신이고 단0산신의 자리에 오면 이러한 모습으로 바뀌게 되나 단0산 같은 기준이 되는 산의 산신으로 올 수 있는 자격요건을 구비한 산신은 전 우주에서도 일정 급수 이상이 되어야 한다.

이 산의 경우 잡신이 범접치 못하므로 산 아래에서 마음을 열고 제를 지낸 후 온 몸을 활짝 열고 올라갈 것. 이 산의 기운을 잘 느끼면 한 단계 승격이 가능하다. 산신의 기운이 산과 동일하므로 모습 역시 산과 동일하다.

선계수련의 성지

- 수선재는 금번 2월 15일로 창립 6주년을 맞이하게 됩니다. 창립 행사를 선인들께서 수련하시던 곳에서 갖고자 합니다. 선계에서 추천하여 주시기 바랍니다.

수련에서의 성지는 여러 곳이 있다. 탁기를 제거하여 기운을 맑게 하여 주는 곳과 기운을 보충하여 장하게 해 주는 곳, 그리고 여러 사람의 기운을 모아주는 곳과 많은 사람들의 기운을 분산시키는 곳 등 지역에 따라 다양한 역할이 있다.

이러한 역할들은 옛 선인들이 수련을 하면서 각자 필요한 곳을 선정하여 수련을 함으로써 천기와 지기의 도움을 통하여 자신의 진화를 이끌었던 것이다.

인간의 진화는 하늘이 정해준 진화와 스스로 하는 진화가 있는바 하늘이 정해준 진화를 운명이나 숙명이라고 표현하기도 하며 스스로 하는 진화를 노력이라고 한다. 인간이 마음으로 먹고 추진하는 진화는 그 힘이 대단하여 하늘이 만들어 놓은 길을 부수고 나아갈 수 있기도 하다.

이렇게 다양한 성지는 한국에서 만도 수십 곳이 있으나 금번 알려주고자 하는 곳은 기운이 장한 곳으로서 이곳에서 축기를 하면 적게는 2년에서 많게는 십여 년의 도움을 받는 곳이다.

우선은 0북 00의 골0산이다.

이곳은 분산의 명소이다. 기운이 사방으로 흘러내려 탁기가 고이지 못한다.

다음은 0북 00의 봉0골이다.

축기의 명소이다. 이 골짜기의 기운은 천하에 몇 안 되는 진기가 고여 있으니 이 기운을 잘 이용한다면 많은 진전을 이룰 수 있다.

다음은 00도 00의 진0산이다.

이곳은 기운 정화의 명소이니 이곳들을 찾아다니면서 수련을 하면 많은 것을 얻을 수 있을 것이다. 기운이 장하면서도 각 기운의 역할이 달라 기능이 다르다.

이러한 기운을 잘 이용함은 수련에 있어 지름길로 갈 수 있는 방법이니 잘 연구하여 알아두면 좋을 것이다.

- 감사합니다. 그렇다면 이곳들은 어찌 찾아가면 되겠는지요?

찾아갈 것 없다. 이러한 명칭이 속세에서는 존재하지 않을 것인즉 수선재에서 수련을 하되 이곳의 기운을 끌어다 쓰면 될 것이다. 너무 깊은 산골이며 기운이 장하니 많이 당겨서 사용한다고 좋은 것은 아니다.

조금이라도 차분히 단전에 축기를 하는 것이 중요하다. 산도 크다고 좋은 것이 아니요, 기운이 맺힌 곳이 중요한 것이니 기운의 다과를 보아가면서 축기를 하여야 한다.

더욱이 몸이 냉한 사람은 더운 기운을 받아들여야 하는 것이요, 몸이 더운 사람은 찬 기운을 받아들여 양 기운을 조화시킴으로써 자신이 진화해 나갈 수 있도록 하여야 한다.

이렇게 하기 위하여 한 곳에 전원이 모두 함께 가는 것은 좋지 않으며, 비교적 비만형은 돌산으로, 마른 체형은 흙산으로 가는 것이 좋다. 돌산은 그 자체가 기운이 장하기도 하나 냉한 편이어서 체격이 마른 사람의 경우에는 별로 도움이 되지 않기 때문이다.

따라서 수선재의 수련생들이 국내 행련 시 한 곳을 가서 잠시 있는 것은 무관하나 오랜 시간을 한 곳에 머무는 것은 별로 도움이 되지 않는 경우가 많다.

― 2차 백일수련을 앞두고 잠시 힘을 얻고자 함입니다.

그렇다면 남사고 선인이 수련하시던 00의 골0산으로 감이 좋을 것 같다. 골0산은 0북 0부 지방에 있는 산으로서 기운이 장하여 수련생들에게 도움을 줄 수 있는 산이니 이 산이 좋을 것이다.

― 감사합니다.

분산의 명소, 골O산

금번 창립기념 행사장으로 추천된 골O산은 지상에서 공부 중이던 선인들이 한번쯤은 다녀간 산으로서 기운이 장하여 축기 단계의 수련생들에게는 더욱 좋은 곳이다.

지기단계의 수련생들이 축기가 안 되면 천기를 받을 수 없으므로 천기를 받기 위한 그릇인 단전을 강하게 만들기 위하여 지기가 필요한 것이며 강건한 지기를 얻기 위하여 풍광이 수려하고 기운이 장한 수련장소가 필요한 것이다.

수련에 있어 정기적으로 기운을 찾아 나서는 행련은 절대로 필요한 것이며 이러한 행련을 통하여 기운을 보충하여야 앞으로 수련에 진전이 빠를 것이다. 특히 해외 행련 시 본국의 기운으로 충분히 축기를 하고 감은 반드시 필요한 것이다.

자신의 기운이 많고 타의 기운이 적어야 내 기운으로 들어온 기운을 소화하는 것이며, 내 기운이 적고 타의 기운이 많다면 타의 기운에 섞여 나의 기운이 흐려지므로 반드시 나의 기운을 강력하게 하여 단전을 단단히 준비하고 가는 것이 옳다.

수련은 나를 진화시키는 길이며, 나를 퇴화시키면서 타를 진화시키는 길은 아닌 까닭이다. 나의 진화를 위하여 가능한 기운을 모두 거둘 수 있도록 최선을 다하라. 지속적인 지기의 강화는 인간으로 있는 한 반드시 함께 해야 할 과정이다.

* 골0산신은 "기0"이라는 존함을 지니신 선계 0등급의 선인으로서 3천여 명의 산신들을 거느리고 계신 분입니다.

행사장에는 남사고 선인을 비롯하여 수련생들의 지도선인님들과 그밖에 골0산과 인연이 있으셨던 다수의 선인들께서 함께 하실 예정입니다.

행련 참가자들께서는 이번 기회에 『다큐멘터리 선인들』 1권에 나오는 "남사고 선인과의 대화"를 다시 한 번 읽고 마음의 준비를 하여 주시기 바랍니다.

골0산 행련 평가

- 최근의 골0산 행련에 대한 평가를 바랍니다. 차후 행련 시 참고하고자 함입니다.

저를 비롯하여 남사고 선인님과 많은 선인님, 기0 산신을 비롯한 많은 산신들이 수고하였음에도 불구하고 소수의 수련생들의 경우 강력한 기운의 느낌을 온전히 전달받지는 못하였습니다. 왜 그런지요?

금번 행련에서 수선재 임원들의 정성은 하늘을 움직일 만큼 흡족하였다. 정성은 하늘이 알고 있으며 그러한 정성으로 회원들이 알게 모르게 음덕을 입은 바 있다.

다만 소수의 회원들이 기운을 잘 느끼지 못하였던 이유는 천기에 수년간 익숙해 있던 회원들이 지기를 느낌에 있어 둔하였던 것이다.

천기의 느낌에 익숙해지면 지기를 느낌에 있어 자극적인 부분이 적을 수 있으며, 그렇다고 해서 지기가 받아지지 않는 것은 아니다. 선인들은 천기와 지기를 중화하여 나름의 기운을 지니고 있으며, 이러한 기운을 지원하는 것인 만큼 그 기운을 받음에 있어 느낌이 둔한 것이 그 이유이다.

현재 수선재 회원들은 호흡보다 의식으로 기운을 받으려 하거나 스스로 기운을 받기 보다는 스승을 통하여 기운을 받으려 하는 경향이 있다. 허나 수련을 하면서 자신의 기운을 만들지 않는다면 스승이라도 타인을 통하여 받는 것은 한계가 있다.

다음 행련 시에는 그 전에 충분히 호흡에 주력하여 단전을 강화하고 강화된 단전으로 기운을 받아야 한다. 대개 100일 정도 단전을 강화하는 것은 수련이 상당히 진전된 경우라도 지속적으로 필요한 것이다.

아무리 재벌이라도 경제적인 부의 축적을 소홀히 한다면 기존의 노력이 수포로 돌아가듯이 수련이 상당히 진전된 수련생의 경우라도 단전에 축기를 소홀히 함은 엔진이 돌지 않는 상태에서 차량을 운전하려 하는 것과 같다.

단전과 호흡은 수련을 하는 이상 시작부터 끝까지 절대로 놓치면 안 되는 것이며 이것이 기반이 되어 그 이후의 과정이 진행되는 것이다.

수련생의 호흡이 길고 가늘어야 하는 것 이상으로 길고 가늘면서도 강한 기운이 통할 수 있어야 하는 것이다. 무조건 약한 호흡이 능사가 아니며 약한 듯하면서도 강한 호흡이 기반이 되어야 하는 것이다.

다음 행련 시에는 전 수련생이 힘을 모아 호흡으로 축기를 할 수 있도록 하고 축기된 기운을 가지고 기운의 맥을 운행할 수 있도록 하라. 좋은 기운은 기맥을 유통함에 있어 절대적으로 필요한 것이다.

명0대 산신과의 대화

명0대 방향을 향하여 절을 한 후 바라보자 햇빛이 눈부신 가운데 한 골짜기가 보이고 골짜기의 중간에 시냇물이 흐른다. 시냇물의 왼쪽에 폭이 2-3미터 정도의 작은 길이 있는데 그 길로 많은 사람들이 걸어 내려온다.

내가 있는 곳은 이들이 오는 것을 내려다볼 정도로 높은 곳이어서 손님이 주인을 내려다보면서 맞이하게 되었으므로 예의가 아닌 것 같아 속히 아래로 내려가 이들을 맞이한다.

인사를 하자 맨 앞에 서 있던 키가 190cm 이상 되어 보이는 거대한 분이 앞으로 나오신다. 아무래도 명0대의 본산신은 아니고 어느 주변의 산을 담당한 산신으로 보이나 일단 예의를 갖춘다. 아직 선인은 아니고 수련 중인 기인이나 좋은 선인 아래에서 수련을 하고 있어 상당한 지기가 축기되어 있다.

- 금번 수선재의 수련생들이 명0대를 방문코자 하여 인사드리고자 왔습니다.

예. 저는 명0대 산주를 모시고 있는 '모0' 이라고 하옵니다. 어서 오시옵소서. 명0대 산주께서 기다리시고 계시옵니다.

- 산주께서는 강녕하시온지요?

예. 이리로 오르시옵소서.

좌측으로 올라가는 계단을 올라가는데 명0대 산주가 내려온다. 아주 평범하고 약소한 체구에 반투명 의복을 걸쳤으나 육신이 반투명이라 뒤쪽이 어른거리게 비친다.

외관이 이 정도로 보인다는 것은 일상생활의 대부분이 무파장 대역 가까이 내려갔음을 말해주는 것이다. 저절로 고개가 숙여진다.

오랜만에 지상에 계신 선계 0등급 선인을 만났다. 한국에서는 물론 지구에서도 가장 상급 선인 중의 한분이시다. 이미 이름이 필요 없는 경지이므로 물어볼 필요가 없다.

- 강녕하시온지요?

어서 오시옵소서. 먼 길을 오시었습니다. 일전에 조용히 다녀가시었다는 선계의 전갈을 받고 어찌나 황송하고 반가웠는지 모르옵니다.

- 그때는 개인적인 용무가 있어서 그랬던 것이고, 이번에는 저희 수선재의 수련생들이 산주를 뵙고자 하여 제가 먼저 이렇게 오게 되었습니다.

연락을 주시고 수련생들을 보내시는 것만으로도 충분하거늘 어찌 이리 직접 내왕하시었습니까?

- 그래도 제가 먼저 공식적으로 찾아뵙는 것이 예의이므로 이렇게 다시 와보았습니다.

잘 오시었습니다. 어서 오르시지요.

- 고맙습니다. 갑자기 찾아뵈어서 결례를 한 것은 아닌지요?

아니옵니다. 이리 오르시지요.

전각 아래 돌로 쌓은 넓은 평지가 나타나며, 주변에 10여명의 선녀들이 서 있고 다수의 기인들이 조용히 내왕하며 심부름을 하고 있다.

- 실례하겠습니다.

별 말씀을 다하십니다. 어서 오르시지요.

- 이곳에는 언제부터 계셨는지요?

아마 3천여 년 된 것 같습니다. 오래 되었지요.

― 그러하시군요. 산세가 좋은 것이 평소에 많은 공덕을 기울이신 것 같습니다.

기운이 가는대로 모든 것이 전해질 수 있도록 기운을 운용하였을 뿐이옵니다.

― 이 산외에 어느 곳을 운용하시는지요?

서너 곳을 더 운영하고 있습니다. 칠레에서 한 곳, 인도에서 한 곳, 러시아에서 한 곳 정도를 운영하고 있으나 모두 명0대만은 못하옵니다.

― 저희 수련생들이 행련을 오게 되면 어떠한 면에서 유의를 하면 되겠는지요?

이곳은 기운이 워낙 맑아 시원함을 느끼는 선에서 돌아간다면 별로 도움이 되지 않을 것입니다. 정좌를 하고 나서 일반 수련 시와 같은 방법, 즉 호흡으로 축기를 한 후 자신의 파장을 낮추어 천기를 느껴보도록 하라고 하십시오.

이렇게 수련을 하다 보면 파장이 내려가 기분이 가라앉을 우려가 있으니 가급적 즐거운 기분으로 할 수 있도록 하면 좋을 것입니다.

명0대의 기운은 오래 수련하다 보면 우주의 기운을 바로 느낄 수 있어 수련에 아주 좋은 곳입니다. 속의 무당들이나 다른 수련생들도 많이 찾아오나 천기를 열지는 않습니다. 이들은 천기가 해당되지 않아 주어도 모르는 경우가 대부분입니다.

수선재의 수련생들은 남동방(OO 방향)에서 O림 계곡을 타고 오르다가 약간 평지가 나타나는 곳에서 수련을 하면 될 것입니다. 금번의 행련으로 많은 축기를 하여 갈 수 있도록 하십시오. 기운은 쓰시고 남을 만큼 열어 놓겠습니다.

수선재의 수련은 워낙 고난도의 수련이므로 수련생들이 그 의미를 잘 알지 못할 수 있습니다. 허나 오래 하다보면 길이 보이고 길이 보이게 되면 자신감이 생길 것입니다.

- 고맙습니다. 모든 수련생들에게 전하도록 하겠습니다.

타 수련단체에서도 많이 수련을 하고 있으나 수선재처럼 천기수련을 하면 좋겠습니다.

지기수련만을 많이 하고 있어 천기소통이 되지 않으니 많은 수의 인간들이 타락하는 것 같습니다. 선생님의 역할이 막중하옵니다.

- 명O대 산주께서도 도움을 주시기 바랍니다. 속에서 일을 하다보면 만만치 않은 일들이 많습니다.

저는 이미 속에 영향을 미칠 단계가 넘어서 어찌할 수 없습니다만 제 휘하의 다른 선인들에게 당부해 놓겠습니다. 행련 시 선인 4-5명을 보내 도움을 드리도록 해도 괜찮으시겠는지요?

- 고맙습니다. 많은 분들이 오실 수 있도록 해주시면 도움이 되겠습니다.

수련생들의 사이사이에서 기운을 보충해 드릴 수 있도록 하겠습니다.

- 여러모로 감사드립니다. 조만간 행련을 오도록 하겠습니다.

그렇게 하시지요.

- 그럼 이만 가겠습니다.

가시나 계시나 같은 것이긴 하나 살펴 가시도록 하시옵소서.

- 종종 연락드리겠습니다.

명0대의 산신 4명이 산 아래까지 동행한다. 이들 역시 범상한 분들이 아니다. 0등급에 해당하는 선인들이시다. 수천 년의 수련경력이 풍겨 나온다.

이들이 바로 행련 시 수련생들을 도와줄 분들인 것 같다. 산 아래에서 합장으로 인사를 하고 돌아온다. 이미 말이 필요 없는 단계이므로 파장으로 모두와 인사를 한다.

천기가 서린 곳, 명0대

- 명0대 행련에 대한 평가를 바랍니다.

천기란 그 기운을 원하고 찾으려 하는 사람만이 받을 수 있는 기운이며, 아무에게나 혜택을 내리는 기운이 아니다. 또한 명0대는 상급 선인이 관장하시고 계시는 곳으로서 아무에게나 천기를 내리는 곳이 아니며, 아무나 천기를 느낄 수 있는 곳이 아니다.

천기수련을 하는 이상 볼텍스는 특정한 곳이 아니라 어느 곳이라도 천기를 받을 수 있으면 그곳이 바로 볼텍스가 되는 것이다. 볼텍스란 무조건 기운이 강하다고 최고가 아닌 것이며, 수련생을 참다운 우주의 일원으로 이끌 수 있는 眞 天氣가 서린 곳이어야 하는 것이다.

그러나 지형과 관장하는 선인의 경지에 따라 천기를 잘 받을 수 있는 곳이 있으니 이러한 곳은 깨침을 내려줄 수 있는 기운이 서려 있어 수선재 수련생들의 행련 대상이 되는 것이다.

따라서 행련 목적지는 우주의 기운을 직접적으로 강력히 느끼지 못하는 단계의 수련생들이 선인과 스승의 도움을 받아 우주의 기운을 가장 실제적으로 느낄 수 있게 해주는 곳이다.

천기란 그 기운을 아는 사람만이 참다운 위력을 느낄 수 있다. 기운을 느낀다고 되는 것이 아니라 그 기운을 받아들여 내 것으로 할 수 있도록 가르침을 주는 스승이 있을 때 그 기운의 참다운 힘을 알 수 있는 곳이다.

반투명 단계의 신이란 우주의 중심에 가까이 위치한 분으로서 기운의 강도나 전달능력이 남다른 분이다.

수선재는 선인들의 이러한 기운을 통하여 진정 참 나를 찾아가는 공부를 하는 곳이며, 선명을 받은 수련생들이 고루 기운을 받아서 수사반과 기타 수련생들에게 전달하는 역할을 하기도 하는 곳이다.

금번 기운이 좋았던 이유는 선명을 받은 수련생들이 다수 있어 선명의 기운이 천기와 감응한 것이 그 이유 중의 일부이다. 선명이란 그 자체가 이미 우주를 뜻하고 있어 그 이름만으로도 천기가 서리게 되어 있는바 그 서린 천기를 더욱 강력하게 하는 기운이 바로 명0대의 기운이었던 것이다.

장차 수련생들 중 선명의 의미를 과소평가하여 선명반의 일원으로서의 역할에 소홀함이 있다면 수련에 있어 막대한 지장을 초래할 수 있으니만큼 선명의 의미를 잘 새겨 추후도 경계심을 푸는 일이 없어야 한다.

천기는 그 기운의 의미를 아는 사람에게 더욱 강력하게 전달되는 것인바 기운의 의미를 추상적인 아닌 구체적으로 안다 함은 진정한 수련의 묘미,

즉 우주의 본체에 대하여 알아가고 있음을 말해주는 것이다.

기운이란 알고 나면 우주에서 직접 내려오는 기운이 가장 좋은 것이나 수련생의 수준에 따라 일기(하늘이 흐리고 맑음)의 영향을 받을 수 있으므로 기운의 강도와 순도 또한 달라질 수 있는 것이니 스승을 통하여 직접 우주의 기운을 받을 수 있는 것은 그러한 영향에서 벗어날 수 있어 이보다 더 큰 혜택이 없는 것이다.

이러한 기운을 받은 후 수련을 함에 있어 항상 그 장소와 그 선인을 떠올리고 그 기운을 받도록 하며 자신을 그 기운 속에서 머물 수 있도록 함으로써 보다 맑아지고 선인화할 수 있다.

금번 수선재의 행련은 다양한 수련생들이 모두 한마음으로 행한 수련이었으며, 어느 행련 보다도 힘차고 기운이 장한 행련이었다. 앞으로 이러한 행련이 지속될 것인바 행련의 참의미를 알아 자신의 진화에 큰 디딤돌이 될 수 있도록 하라. 수련의 진전을 경하한다.

어머니와 같은 기운, 모0산

1. 00에 모0산 서남쪽 0부 능선 이외의 다른 볼텍스가 있는지요? 한국의 3대 명산의 하나인 00산에 볼텍스가 없다는 것이 이상합니다.

00산의 경우 지기가 솟구쳐 천기와 반응을 일으키는 곳은 000이 아니라 모0산 서남쪽 기슭 0부 능선이다.

000은 기운이 솟구치는 형국이 아니며, 00산의 정기가 모0산을 통하여 나오는 것이다. 이러한 이유는 모0산이 모0산 자체로서 그치는 것이 아니라 00주의 중심 맥과 연결되어 있음을 말해 주는 것이다. 00의 맥은 00산이 중심이되 성산(聖山)이자 0기 중심인 00산은 그 자체의 진실된 모습을 숨겨놓고 있는 경우가 있어 00가 이러한 경우에 해당하는 것이다.

한국의 경우 00를 비롯, 다양한 기운을 가진 산들이 많이 있으며 이러한 산들이 모두 나름의 기운을 가지고 천지의 운행을 지원하고 있는바 00산은 받쳐주는 기운으로서 드러내놓고 기운을 지원하는 산이 아닌 것이다.

00가 아버지라면 00는 어머니와 같은 기운으로서 지금까지가 00의 시대라면 앞으로는 00의 시대가 될 것이며 00의 기운을 받기 위해서는 모0산의 기운을 잘 받아야 한다.

모0산 서남방 0부 능선에서 기운이 서려 있으나 이 기운을 받기 위해서는 반드시 올라갈 필요가 없으며 능선이 바라보이는 평지에서 제를 올리고 기운을 받으면 된다.

0부 능선인 이유는 000이 00산 정상에서 떨어져 있듯 이곳 역시 정상이 아니고 약간 아래로 내려와 있는 것이다. 모0산과 000을 연결하는 선의 적당한 곳에 자리를 잡으면 좋은 기운을 받을 수 있으니 자리를 잡으려면 그곳이 좋은 것이다.

2. 00가 기운 상으로 특별한 곳인지요?

00의 경우 특별한 기운이 서려 있는 곳은 여러 곳이 있다. 우선 모0산을 위시하여 00산의 여러 00에도 기운이 서려 있으며 이러한 곳들이 다른 곳의 산들과의 차이점이라고 할 수 있다.

즉 기운이 뿜어 나오는 곳이 여러 곳이며 이 여러 곳의 기운이 모두가 연하고 사람을 살찌우는 기운이라는 점이다. 풍요의 기운이며 이 기운이 00 전체를 감싸고 있다.

00의 어느 곳이든 00산이 바라보이므로 00산의 일반적인 기운을 받으려면 000 방향을 바라보는 것이 좋으나 진기를 받으려면 모0산의 기운을 받아야 한다는 점이다.

예전에 몇몇 선인들이 수련을 하기는 하였으나 향천 시 모0산에 기운을 모아 놓았으므로 현재에도 그 기운들이 그대로 모여 있다.

선인들이 모0산에 기운을 모아 놓은 것은 0기의 성소에는 아무나 들어가면 안 되므로 별개의 장소인 모0산에 모아 놓은 것이다.

3. 모0산을 비롯하여 00를 지키는 지신이나 산신은 어떤 분이신지요? 그분들께서 특별히 하시는 일은 무엇인지요?

00의 본신은 지0선인으로 휘하에 수백의 중소 산신들을 거느리고 있다. 지0선인은 선계 0등급이며 00의 모든 기운을 관장하신다.

178센티 정도의 키에 예전에 병정들이 입었던 옷처럼 생긴 옷(조끼처럼 만들었으나 긴 상의이며 중간에 허리띠를 매고 계심)을 입고 계시며, 눈빛이 형형하고 서남쪽의 바다를 내다보는 경우가 많다.

평소 하시는 일은 0을 관리하는 일이며 금번 수선재의 행련에 대비하여 00의 기운을 모으고 평안하게 평소 하는 일을 하고 계신다. 00의 경우 특별한 일은 해신과의 교류이며 이 일은 00에서만 가능하다. 해신들은 바다의 기운을 관장하는바 수선인들의 해외 행련 시 이들의 기운을 지원받기도 한다.

4. ○○○에 2백여 명이 행련을 다녀오게 됩니다. 특별히 유념해야 할 점이 있는지와 모○산에서의 수련법을 문의합니다.

○○의 모○산은 ○○와 더불어 한국의 남북에서 양대 산맥을 이루고 있다. 이 중간을 타고 흐르는 맥이 다양한 곳에서 나와 한국의 모든 기맥을 형성하고 있으며, 이 기맥을 타면 마음에 서린 탁기를 버릴 수 있다.

수선재의 수련은 자신을 찾아들어가는 수련으로서 점차 자신을 알게 되면서 자신의 부정적인 면을 먼저 알게 되므로 낮은 파장에서 저파장 조우 시 우울증과 유사한 증상이 나타날 수 있으나 이러한 증상은 육신의 건강을 찾아가는 과정에서 명현현상과 같은 것이다. 정신적으로는 이러한 증상이 나타날 수 있으며 저파장을 겪고 나서 고파장으로 가는 도중에 진심으로 자신이 원하는 종류의 파장을 얻을 수 있는 것이다.

모○산 수련 시 지○선인에게 자신의 모든 걱정거리를 덜어낼 수 있도록 하고 이 걱정거리를 덜어낼 수 있는 힘을 받고자 기원할 것. 진심으로 기원 시 가장 현실적인 도움을 받을 수 있을 것이다.

행련 시 천제 등을 지낼 장소를 잘 선정하고 앞으로 이 장소를 잘 관리하며 모든 수련생들이 ○○ 방문 시 가급적 이곳을 거쳐 갈 수 있도록 할 것.

○○에서 현생의 모든 고민을 ○○바다에 버릴 수 있도록 행련 전에 마음의 준비를 할 것. 지○선인이 모든 고민을 ○○바다 멀리로 보내 줄 것이다. 가벼운 마음으로 다녀오도록 할 것.

기운 정화의 명소, 진0산

1. 진0산은 어떤 산인지요?

진0산은 진기를 평안히 함으로써 기운을 가라앉히는 산이다. 기운의 정화란 탁기가 정기로 화하는 것으로서 기운이란 가라앉기만 하면 탁기가 아래로 몰려 그 기운을 버리면 되므로 이미 반은 정화가 된 것이나 다름없다.

진0산은 동쪽 경사면을 주로 하여 산행을 하는 것이 좋다.(오를 때) 산행 전 아래에 당도하여 산신에게 제를 지낸 후 예를 갖추어 산행을 하되 서서히 산행을 하면서 기운을 가라앉히는 것이 좋다. 산 자체에 기운을 가라앉히는 기운이 있으므로 기운을 정화하기에 용이할 것이다.

2. 산신은 어떤 분이신지요?

관장하는 선인은 이0 선인(0등급)으로서 선계에서 정기의 생성을 관장하시는 분이나 항상 이곳에 계시지는 않는다. 이곳은 가급적 자연의 기운을 유지하도록 비워놓고 선계에서 내려다보고 계신다.

아주 가끔 강림하시나 기운으로는 항시 이곳을 내려다보고 계시니 직접 계시는 것과 동일하게 생각할 것. 산을 직접 관리하는 산신은 장O 산신으로서 산의 입구에서 인사를 하는 것이 좋다.

산을 떠올리자 산 앞에 산신이 나타나 인사한다. 인간은 다리가 있어야 걸음을 걸을 수 있으나 신들은 발이 없어도 이동이 가능하므로 발이 보이지 않으며 공중에 약간 떠 있다.

곧이어 이O 선인이 장O 산신의 수행을 받으며 나오신다. 이O 선인은 180 정도의 키에 장대한 체구이며 백색 도포를 입으셨고, 장O 산신은 175 정도의 키에 건장한 체격으로 흑색 도포를 입었다.

(이O 선인과의 대화)

- 안녕하시었소?

그간 무고하시었습니까?

- 나는 잘 있었으나 수련생들이 공부를 많이 한 것 같소이다.

그런 것 같습니다. 금번 기운을 가라앉히고 나면 공부가 많이 될 것입니다.

- 어떠한 공부를 시켜 주실 예정인지요?

수련생들의 기운이 떠 있으니 가라앉히는 공부를 하러 보내시는 것으로 압니다.

- 그렇소이다. 기운이 차분해 지도록 도움을 주셨으면 합니다.

선생님께서 계시므로 별 걱정이 없을 것입니다. 모두 탁기와 정기를 구분하여 탁기를 버리고 정기를 취하신다면 많이 맑아지실 것입니다.

- 그렇게 할 것이니 많은 도움을 주셨으면 하는 것이지요.

저희들이 할 수 있는 것은 모두 하겠습니다. 이제는 공부가 많이들 되셔서 별 걱정이 없으실 것 같습니다.

- 그래도 인간의 몸을 가지고 속에서 생활하는 이상 마음을 놓을 수만은 없는 것이지요.

그럴 것입니다. 기운을 보내 정화에 도움이 될 수 있도록 하겠습니다.

- 그래 주십시오.

저희는 현지에 가 있도록 하겠으며 지금부터 준비를 하고 있겠습니다.

- 그날은 물론 오실 것이지요?

그렇게 하도록 하겠습니다.

- 고맙습니다.

두 분이 돌아가신다.

3. 진0산에서의 수련법은 무엇인지요?

기운이란 인간의 내외부에 각기 존재하되 상호간에 교류를 통하여 인간의 진화에 결정적인 역할을 하는 것이다. 진화의 열쇠가 기운임을 안다면 절대로 소홀히 생각할 수 없는 부분이다.

아무리 기운이 많이 있어도 그 기운이 적재적소에 배치되지 않으면 없는 것과 같으며 적은 기운이라도 적재적소에 사용된다면 역할을 다할 수 있는 것이다.

기운이란 전쟁에서의 병사와 같으니 핵심적인 위치에서 길목을 지킨다면 적은 인력으로도 많은 수의 적군을 상대할 수 있는 것이나 평지에서 전투를 한다면 적의 수와 대등하거나 많아야 이길 수 있는 것과 같이 수련생들은 군의 지휘관처럼 기운을 적재적소에 사용할 줄 알아야 하는 것이다.

수련으로 기운을 이용할 줄 알게 되려면 우선 스스로 자신의 몸을 돌볼 수 있어야 한다. 도인법으로 기운의 길을 연 후 기운을 운용할 수 있어야 하며 운용하는 기운은 차분히 가라앉아 운용이 쉬워야 한다.

물이 조용하면 병에 담기가 쉬우나 흔들리면 옆에 흘리거나 쏟아버리는 것과 마찬가지로 기운이 정화되면 적은 양이라도 중히 소용이 되는 것이다.

기운을 이용하는 방법은 자신의 몸에서 가장 기운이 부족한 부분을 발견하여 그곳에 기운을 보내 보충하는 것이다. 자신의 몸에서 기운이 부족한 부분은 역학에서 가장 기운이 약한 장부를 말하는 것이니 이미 알고 있는 선배의 조언을 구할 것.(선명반은 용신의 기운을 말합니다.)

금번 행련에서의 수련은 산 정상을 돌아 하산 길에서 0부 능선(아래에서 0% 위치)의 적당한 곳에 자리한 후 기운을 가라앉히는 훈련을 하여야 한다. (하산 길의 방향은 관계없습니다.)

오기(목, 화, 토, 금, 수)의 조화는 몸을 편안히 하며 편안한 몸은 기운을 정화할 수 있는 것이다. 정화된 기운은 차분히 가라앉아 있으니 수련의 진도가 빠른 것이다.

4. 이번 행련에서는 무엇을 얻고 무엇을 버리고 와야 하는지요?

모든 것을 잊고 산행을 할 것. 어떠한 걱정거리도 버리고 와야 한다. 버려야 할 모든 걱정거리의 리스트를 준비할 것. 이 리스트를 앞에 놓고 수련을 하되 그 안에 있는 모든 걱정거리를 버릴 수 있도록 할 것.

5. 선계뿐 아니라 지신들의 기운 지원을 바랍니다.

지신들도 아주 조용히 본 수련에 기운으로 동참할 것이니 수련 전 지신들에 대한 예의를 갖출 것.

* 진0산의 기운은 이번에 처음으로 열어 수련생들에게 연결해 줄 것입니다. 즐겁고 아름다운 행련이 되기를 바랍니다.

7

몸을 교재로 하는 수련생들 2

병은 마음이 반영된 결과

김OO 1

고려 말 중인의 가정에서 태어났다. 살림은 그런 대로 넉넉하였으나 본인의 건강이 뒷받침되지 않아 어떠한 일을 하지 못하고 일생을 보내고 40대 초 향천하였다.

당시에는 인간으로 태어나 이렇게 고생하면서 살아야 하는 것인가에 대한 고민만으로 일생을 보냈을 뿐 깨달음에 대한 염원은 없었다. 하지만 할 일이 없을 때는 하늘을 쳐다보는 눈동자에 너무도 애절한 소망을 담은 파장이 하늘에 전달되어 작은 인연의 끝을 만들게 되었다.

수련 중 깨달음 한 조각은 금생에서 모든 것을 바꾸지 못한다고 해도 내생에 자신을 바꾸어서 태어날 수 있도록 해줄 수 있다. 금생에 수선재와 연결되어 노력한 결과는 본인이 생각지 못할 정도로 내려올 것이다. 자신을 위해서 기도할 것. 하늘이 듣고 있다.

금생에도 원래부터 몸이 부실하였다. 몸이 부실한데다 부실한 몸이 견디지 못할 정도의 과로를 하였으니 건강이 나빠지는 것은 당연하다. 하지만 금생에 공부를 할만큼의 건강은 가지고 태어났으니 고맙게 생각하여야 한다.

이 공부는 몸으로 하는 것이며, 어느 정도 몸이 받쳐주어야 하는 것이기는 하나 수련단계를 최소한도로 하여 자신만이 가려고 한다면(타인을 이끌어주는 것은 포기하고) 가능할 수 있다. 염원을 하늘에 전달하면 그 염원의 결과를 나중에 본인이 알 수 있을 것이다.

- 어찌해서 그렇게 심한 병이 오게 되었는지?

건강에 대한 본인의 포기 탓이다. 본인이 몸의 중요성에 대하여 잘 알고 있었다면 일찍이 건강을 챙겨서 나옴으로써 현재와 같은 상태로 가지 않았을 것이다. 지금부터라도 모든 수선인들이 자신의 건강을 위하여 많은 노력을 할 것. 전생부터 쌓여 온 건강에 대한 자신의 관리부실이 원인이다.

- 병을 이겨내는 마음가짐, 수련법

병은 마음이 반영된 결과이다. 금생에 부실하게 가지고 태어났어도 관리하기에 따라 얼마든지 강하게 만들 수 있으며, 강하게 태어났어도 관리를 부실하게 한다면 평범한 생활에도 견디기 힘들게 될 것이다.

다행히 금생에 수선재에 인연이 되었으니 심적으로 많은 도움이 될 것이고 이 도움이 기반이 되어 몸을 만들어 감에 천기의 지원을 받을 수 있을 것이다. 시간이 되는대로 천기를 의념하고 당겨 축기를 할 수 있도록 할 것.

병원에 입원하면 의사의 치료에 신뢰를 가지고 임하도록 하라. 몸은 의사가 보는 것이며, 마음은 수련으로 대처하고 마음이 안정되면 몸이 따라가는 것은 쉽다.

먼저 몸과 마음이 안정되도록 하고 안정된 마음으로 안정된 몸을 만드는 것이 순서이니 이러한 순서로 치료하면 될 것이다. 수술 시에도 마찬가지이며, 자신의 마음을 가라앉힌 후에는 하늘에 맡기는 것이 순서이다.

* 몸 공부는 이 공부가 완성되는 순간까지 따라 다니는 기나긴 공부입니다. 교재를 받아들이는 마음가짐은 편안해야 한다는 것입니다. 몸이 그렇게 된 원인은 전적으로 자신에게 있기 때문입니다. 부모나 타인의 실수로 그렇게 되었다고 하더라도 그것은 전생의 자신의 업에 의하여 그분들을 통해 드러난 것이지 그분들의 과실만은 아닙니다.

김00님이 어려운 몸 공부를 하면서도 수련에 대한 믿음을 보여주고 있고 본인이 겪을 것을 어느 정도는 겪었다고 판단되므로 하늘이 응답할 것입니다.

하늘은 언제나 수련생들의 이런저런 신음소리를 듣고 있습니다. 그 소리에 응답하고 안하고는 전적으로 본인들의 마음상태에 달려있습니다. 진인사(盡人事) 하고 대천명(待天命) 하는 것이 순서입니다.

수련생들로서 첫 번째 진인사는 수련에 대한 마음이 변하지 않는 것입니다. 선계가 있음을 인정하는 것이기 때문입니다.

두 번째는 수련을 열심히 하는 것입니다. 아는 것을 실천하는 것이기 때문입니다.

세 번째는 자신이 할 바를 정성스럽게 한 뒤에는 하늘에 맡기는 것입니다. 하늘의 뜻에 따라 우주가 움직이는 것을 인정하는 것이기 때문입니다.

현재 몸 공부를 하고 계시는 모든 회원님들께서는 천서 중 "질병에 관하여"[2]를 다시 정독하시기 바랍니다.

하늘은 수련생들의 아픔의 크기를 저울질하여 더 관심을 가지시는 것이 아니라(모든 수련생이 아픔의 내용은 다를지라도 모두 아프기 때문에) 아픔에 대처하는 방법이 옳을 때 더욱 관심을 가지시는 것입니다. 아픔에 대처하는 방법은 그간 여러 차례 천서를 통하여 깨우쳐주신 바 있습니다.

김ㅇㅇ님의 쾌유를 기원합니다. 개인적인 생각으로는 식생활 개선을 병행하는 것을 권합니다. 시중에 나와 있는 치료법 중 병원의 치료를 완전히 부정하고 새로운 방법으로만 실시하는 것은 질병이 50%이상 진전된 환자에게는 버거운 요법입니다.

예를 들어 약물치료를 전혀 하지 않고 음양법이든 생식요법이든 한 가지 방법만으로 낫는 다는 것 등.. 환자의 몸 상태가 50%이상 자생력을 잃어버린 상태에서는 이겨내기가 어려워 더욱 악화되는 경우가 많기 때문입니다.

---

[2] 『천서』 2권 '수련생의 질병에 관하여' p148 참고

그러므로 권위 있는 의사가 권하는 약물치료를 식사요법과 병행하는 것이 바람직합니다. 수련생의 경우 마음가짐이 바르다면 자연스럽게 믿을만한 의사와 연결됩니다. 의선님들의 치료가 지상의 의사들을 통해 전달되기 때문입니다.

섭취할 음식은 맑은 물, 유기농 채소와 과일, 잡곡밥, 콩 제품, 청정해산물 등입니다. 어서 빨리 수선대가 수련생들의 몸 건강을 아울러 책임지는 "휴양소"의 역할을 겸할 수 있도록 시설과 인력을 갖출 수 있게 되기를 간절히 염원합니다.

천연을 가꾸는 정성

김OO 2

하늘이 살피고 있다. 하늘과 인연이 없는 사람은 없으나 하늘과의 인연은 그냥 존재하는 인연이 아니라 어떠한 수준의 인연인가 하는 것이 중요하다. 이 세상에 있는 하찮은 물건들도 모두 하늘과의 인연 범위에 있는 것이며, 인연이 없는 것이 없는 것이다.

허나 단순히 존재하는 인연만으로는 값어치가 없다. 하늘이 관심을 가지고 살펴줄 수 있는 인연의 씨앗을 가지고 있는 사람이 바로 천수체이며, 그 인연을 강화하여 발전시키고 키워나갈 수 있는 인연이 바로 천연인 것이다.

이 천연을 타고 태어난 사람은 그 인연을 잘 가꾸어 나가야 한다. 하늘에서 실오라기가 내려왔으나 그 실오라기를 정성으로 조금씩 잘 당기다 보면 책을 맬 정도의 조금 더 굵은 끈이 내려오고 조금 더 노력하면 물건을 묶을 정도의 조금 더 굵은 끈이 내려오며, 계속 이러한 과정을 반복하면 나중에는 내가 매달려 올라갈 수 있을 정도의 밧줄이 내려오는 것이다.

지금 수련생들은 하늘의 실오라기를 잡았다고 할 수 있다. 이 실오라기에 정성을 들이면서 잘 당기면 나중에는 자신이 타고 올라갈 수 있는 밧줄이 내려오거늘 실오라기를 함부로 당겨서 끊어지는 일이 없도록 하여야 한다.

이 당기는 과정은 하나도 정성, 둘도 정성, 셋도 정성인 것이다. 당기다 놀고 쉬면서 그냥 있다가 나중에 당겨서 될 일이 아니오, 잡았을 때 계속 정성을 쏟아 동아줄까지 당기고 나서 쉬어야 하는 것이요, 그 전에는 정성으로 지속적인 연결을 하여야 하는 것이다.

김OO 수련생의 경우 어떠한 상황에서든 한 손에 그 끈을 잡고 있어 지속적으로 기운이 공급되고 있는 것이다. 이 끈을 놓치지 않는 이상 지속적인 천기의 공급이 있는 것이며, 이 끈을 통하여 하늘의 관심이 내려오는 것이다.

수술시 하늘에서 내려오는 기운은 하늘의 몫이요, 옆과 아래에서 받쳐주는 기운은 수련 동료들의 몫이니 현재 수련생들의 기운이 김OO 수련생의 전신을 감싸고 있다. 앞으로 모든 수련생들이 일주일 동안 수련전후 김경아 수련생을 위하여 잠시 마음을 모아 기도 후 수련하고 마치도록 할 것.

이러한 기도는 상대방을 낮게 만들 뿐 아니라 하늘에 기록되었다가 나중에 자신이 유사한 처지를 당하였을 때 돌아오는 헌혈증서와 같은 것이니 이러한 경우에 어찌 마음 씀씀이를 아까워하겠는가? 이러한 일에는 하늘도 기운을 아까워하지 않으니 동료 수련생들은 더욱 마음을 모을 수 있도록 하라.

* 김00님의 수술 과정을 선계에서 살피고 있습니다. 몸 상태에 비하여 어려운 수술이오니 다 같이 마음을 모아 주시기를 바랍니다. 오늘부터 일주일간 수련 시작 전과 후에 김00님의 쾌유를 기원하는 마음을 보내는 시간을 갖고자 합니다. 수련생 전원의 건강을 기원합니다.

몸은 공부의 가장 직접적인 교재

김00 3

- 몸이 정상으로 돌아올 수 있는지요?

몸이 완전히 낫는다는 생각보다는 마음이 낫도록 할 것. 몸은 아마도 시간이 필요할 것이다. 허나 이러한 고행의 끝은 의지가 수반된다면 본인에게 상당히 이로운 결과로 나타날 것이다.

수련에 있어 부여되는 과제는 상당히 다양한 유형으로 나타나며, 이러한 유형은 육체적으로, 정신적으로, 또는 이 두 가지에 동시에 부여되기도 하는 것이다.

이러한 과정에서 우리의 몸이 바로 공부의 가장 직접적인 교재임을 알 수 있으며, 특히 선천적인 교재의 이상(異狀)은 그로 인한 부담을 이겨냈을 경우 바로 고득점으로 연결될 수 있는 것이다.

육체의 과제는 정신력으로 이겨낼 수 있는 부분과 정신력으로는 안 되나 속세의 기술을 빌려서 해결 가능한 부분이 있으며, 이러한 양 방법은 단계에 따라 모두가 가능한 것이다.

수련생이 일상생활에서 집중적으로 수련을 하였을 경우 다양한 방법으로 모든 위험에서 원거리를 유지할 수 있음은 틀림없는 사실이지만 선천적으로 본인에게 위험요소가 내재되어 있는 경우에는 이러한 회피가 어려울 수 있으므로 이러한 스케줄을 가지고 태어난 경우에는 이런 사람의 선계의 스케줄은 일반적인 경우와는 다르다.

일종의 특례입학과 같은 것이 있는 것이며, 이러한 특례입학은 선계의 입장에서 본다면 평등한 처우인 것이다. 악조건은 그 조건을 극복하였을 경우 더욱 큰 공로가 인정되는 것이며, 이러한 공로는 본인과 본인에게 도움이 된 주변의 모든 이들에게 인정되는 것이다.

* 선천적으로 부실한 장기(신장)를 타고난 이00님의 경우 자신의 과제를 잘 극복하고 최선을 다하였으므로 최단기간의 시험만으로 선계입학이 허용된 것을 참조하면 됩니다.

이러한 수련생에게 마음을 지원함은 본인의 진화에 상당한 도움이 된다. (이러한 지원은 상대방을 낫게 만들 뿐 아니라 하늘에 기록되었다가 나중에 자신이 유사한 처지를 당하였을 때 돌아오는 헌혈증서와 같은 것이니...)

마음이 굴하지 않았다면 몸이 어떠한 상태가 되어도 굴하지 않은 것이며, 김OO의 경우 최종적인 판단은 아직 결정된바 없으나 현재까지의 정신적 상태를 유지할 수 있다면 금생에 선계 입적이 가능하다.

보다 큰일을 위하여 전념할 것. 보다 큰일이란 불편한 신체적 조건에도 불구하고 바로 자신을 우주 진화의 디딤돌로 사용하는 것이다. 허나 그 과정에서 너무 무리하는 일이 없도록 할 것.

- 수술을 꼭 하게 된다면 언제가 좋을런지요?

빠른 시일 내에 하는 것이 좋다. 일정을 정하여 수술이 필요하면 수술을 하는 것이며, 수술한 이후 경과에 따라 자신의 마음으로 수련을 하는 것이니 모든 이에게 더욱 의지를 불어넣어 줄 수도 있는 것이다. 작은 장애물 앞에서 미리 굴하는 일이 없도록 할 것.

금번과 같은 일은 속세의 판단에 따르는 것이 또한 선계의 입장이기도 한 것이니 속의 판단에 의해 처리할 것. 인력을 다하고 나면 선계의 지원이 있을 것이다.

* 김OO님의 경우에는 10년 이상의 소아 당뇨와 무릎과 발목의 관절염이 주 증상입니다. 무릎의 관절은 비위 담당이고, 발목의 관절과 뼈의 부실은 신방광 담

당이므로 각각 치료하여야 하나, 병이 오래 진행된 경우에는 어떤 장기를 집중적으로 다스리는 것은 위험하므로 심포삼초를 우선으로 치료해야 합니다.

처방은 다음과 같습니다.

1. 생 옥수수 가루를 매 끼 5-6 스푼씩, 생 도토리와 백복령 가루를 매 끼 1-2 스푼씩 먹는다.
2. 녹두와 조를 밥에 많이 섞어 먹는다.
3. 반찬으로는 주로 콩나물, 고사리, 양배추, 우엉, 송이버섯(양송이 포함), 우무, 아욱, 감자, 토란, 죽순, 당근, 오이, 가지 등을 먹는다.
4. 육류로는 오리고기, 오리알, 꿩고기, 도가니(믿을만한 소를 이용)를 일주일에 한두 번 정도 먹는다.
5. 과일로는 토마토, 바나나를 먹는다.
6. 음료로는 요구르트, 덩굴 차, 알로에, 포가리스 중에서 선택한다.
7. 영양제로는 로얄젤리, 화분 중에서 선택한다.

김OO님 이외에 공연히 기운이 빠지고 피곤하며 신경이 예민한 분들은 환절기에는 위에 열거한 식사를 집중적으로 하시기 바랍니다. 심포삼초는 면역력, 생명력, 저항력, 힘을 담당하는 장기입니다.

김OO님의 경우는 6개월 정도 위의 식이요법을 하시기 바랍니다. 그리고 병원의 처방과는 달리 단 음식도 가끔 섭취하여 주십시오. 김OO님에 대해서는 단o산 인근의 최고 약사이신 OO 지부장님께 일임합니다. 이번에야말로 칼을 뽑을 때입니다.

김OO님.
마음이 건강하다면 몸에 쇠를 박고, 무릎을 굽히지 못하는 것은 별 일이 아닙니다. 큰 전진을 위한 일보 후퇴이지요.
수련은 반드시 가부좌를 틀고 하는 것은 아니며, 누워서도 가능하고, 의자에 앉아서도 가능합니다. 기운 내시고, 수술하십시오. 그 동안 잘 해내셨습니다. 고맙습니다.

매 순간 감사하는 마음으로

김OO 4

1. 항상 마음을 경건히 할 것. 하늘이 깃드는 마음은 하늘을 향해 자신의 소원을 간절히 기원하는 마음이다. 이러한 마음은 곧 하늘을 움직이는 기운으로 바뀌는 것이니 바로 하늘의 지원을 받을 수 있는 동기가 되는 것이다.

또한 수선재의 많은 회원들은 매 수련 시 김 도반의 치유를 위해 기도할 것을 명한다. 수련 시작 전 약 3분 정도 김 도반과 다른 병환 중인 도반을 위해 기도할 것. 도반을 위한 정성은 나중에 자신을 위한 정성으로 돌아오는 것이니 만큼 지속적으로 진심으로 정성을 기울이도록 할 것.

하늘은 스스로 돕는 자를 돕는 것이니 도반의 쾌유를 비는 마음가짐이 바로 자신을 돕는 것이 되는 것이다. 금번의 경우 본인의 힘이 달리고 있으나 도반들의 기운이 지원된다면 입원하기 전의 상태까지는 가능할 것이다. 힘을 낼 것.

2. 모든 것을 잊고 새로운 것을 생각하는 것이 맞다. 이 세상의 모든 것들은 항상 새로운 것으로 바뀌고 있으며 지난 일에 대하여는 빨리 잊어버리는 것이 새로운 것을 받아들이는 첩경인 것이다.

지난 일은 좋은 일이든 안 좋은 일이든 과거의 일이며 과거의 일은 교훈 그 자체로서 이미 자신의 몫을 다한 것이다. 따라서 좋은 일도 좋지 않은 일도 교훈으로 간직한 채 잊어야 하는 것이다.

현재 상태에서 약 복용으로 치유될 가능성은 약 45% 정도이다. 이 정도면 완치는 어려우나 상태를 악화시키는 것을 막을 수는 있을 것이다.

근본적으로 기운이 부족한 상태에서 할 수 있는 일은 자신의 기운(내기)을 키우는 일이다. 우선은 기운의 끝이 잡힌 상태이니 이 끈을 놓지 않을 수 있도록 할 것. 지금 단계에서는 볼펜 심 정도의 굵기이다. 계속 당겨서 굵기가 더하도록 할 것.

자신의 믿음으로 계속한다면 몸 공부에서 벗어날 수는 없을 것이나 마음에서 벗어남으로써 향후 자신이 원하는 건강을 얻을 수 있다. 몸이 불구라고 해서 마음까지 불구가 되어서는 안 된다. 마음을 바로 갖고 항상 가슴에 하늘을 품고 생활할 수 있도록 할 것. 의사가 처방하여 주는 약이나 주사 등도 모두 하늘이 주는 것으로 생각할 것.

마음을 놓고 수련에 전념할 것. 치료과정 자체가 공부이다. 남들과 다른 공부가 내려온 것이니 그리 알고 이 과정을 즐길 것. 완치보다는 공부를 한다는 마음가짐으로 대할 것.

하늘이 내려다보고 있다.

* 김OO님의 문제는 마음이 너무 어둡고 무겁다는데 있습니다. 아픈 몸으로도 수련을 할 수 있고, 더구나 수선대에서 생활할 수 있는 혜택만으로도 너무나 고맙고 즐겁다는 생각을 한다면 순간에 좋아질 수도 있습니다.

그간의 어두웠던 마음을 걷어버리고 밝고, 가볍고, 감사한 마음으로 살아가기를 바랍니다.

황진이 선인의 말씀에 나오는 엔돌핀보다 수천만 배 강력한 효력이 있는 ☆☆☆[3]의 존재를 믿고 스스로 생성하게 되기를 바랍니다. 이 물질의 생성은 원망하는 마음을 버리고 매 순간 감사하는 마음을 지니는 것만으로 가능한 일입니다. 김OO님이 회복될 때까지 수련 과정에 함께 하겠습니다.

---

3) 『황진이 선악과를 말하다』 p93 참조

이O 수사의 몸 공부

- 이O 수사가 눈에 이상이 와서 치료중이라고 합니다. 시력이 약화되었다가 현재 호전되고 있다고 합니다. 원인과 처방을 바랍니다.

이O의 경우 심기가 흐트러져 이러한 현상이 생긴 것이다. 수련에 있어 마음이 흔들린다는 것은 모든 것이 흔들린다는 것을 의미하며, 따라서 마음이 흔들리는 일이 없어야 한다.

육체는 마음을 표현하는 도구이자 마음을 담는 그릇이므로 수련과정의 모든 결과가 몸을 통하여 표현된다. 이 몸은 가장 소중한 것이며 어떠한 행동으로도 다치게 하여서는 안 되는 것이다.

이O은 다른 수련생에 비하여 많은 업보가 있었던 것은 아니나 나름대로 약간의 업보가 있어 이 업보의 해소차원에서 금번의 몸 공부를 하는 것이다. 눈이 안보일 때는 그 현상에 과도히 집중하는 것은 더욱 안 좋은 일이므로 약을 복용하면서 마음의 눈으로 볼 수 있도록 하였으면 좋았을 것이다.

수련에 있어 마음이 흔들리는 것은 자신이 느끼지 못할 수도 있으나 잠재의식마저 흔들리지 않도록 노력하는 바는 엄청난 것이다.

잠재의식은 모든 것을 알고 있으며 따라서 수련 중 잠재의식 속으로 들어가 자신의 모든 것을 찾아내고 그것을 나의 것으로 하여야 하는 것이다. 이것이 바로 우주이기도 한 것이며, 하늘이기도 한 것이니 자신의 의식 속에 들어있는 하늘은 현재의식이 아니라 잠재의식에 존재하는 것이다.

업보 역시 잠재의식에 존재하며 이 존재가 안정을 흔들어 놓는 것이니 자신의 업보가 무거운 사람은 자신도 모르는 사이에 부정적인 일이 벌어지게 되고 이 결과가 금생에 결과로 나타나게 되는 것이다.

마음이 힘들면 몸이 힘들어 다양한 결과가 나타나게 되는 것인바 자신의 몸에 나타난 증상을 자신이 다스리기는 힘들므로 도반들이 나서서 거들어 줄 필요가 있다.

모든 것에 대하여 초연함을 가질 수 있도록 노력하고 누운 자세로 호흡하되 눈과 간에 있는 탁기가 눈을 통하여 아래로 나간다고 생각하고 날숨 7: 들숨 3으로 호흡할 것.

도반에 의한 도움에 감사하며 이들에게는 자신의 의술로 보답할 것. 넘어갈 수 있다. 과히 걱정하지 말 것.

* 최근 몸 공부를 하는 수련생들이 늘어나고 있습니다. 모두 본인의 공부 과정에 들어 있던 것들이며 몸 공부, 또는 마음공부를 통하여 그간의 업을 해소하는

과정인 것입니다.

대표 주자로서 이0 수사의 예를 천서로 받았으니 같은 공부를 하고 있는 수련생들은 참고하시기 바랍니다.

아울러 몸 공부 중인 수련생들을 같은 지부에서 수련하는 도반들이 힘을 모아 도와주신다면 공부가 쉽게 넘어갈 수 있으며, 차후 자신들의 공부 시 종전에 베풀었던 음덕을 보상받을 수 있을 것입니다. 어떤 형태로든 공부 중인 도반들에 대하여 깊은 관심 바랍니다.

노년의 수련은 마음공부 위주로

이O 수사

수련에 있어 가장 기본이 되는 것은 몸과 마음이다. 이 중 몸은 부모로부터 물려받은 것으로서 이미 출생 이전에 정해진 바를 일평생 사용하게 된다. 마음은 이와 달리 자신이 단련을 함으로써 강하게도 약하게도 될 수 있는 것이며 강약을 완만히 조절함으로써 수련진도를 맞추어 나갈 수 있는 것이다.

몸은 그 사용에 있어 단기간의 강화훈련 이외에는 절대로 무리를 하지 않는 것이 중요하며 무리를 하였을 경우에는 기운이 보충될 수 있도록 하여 주어야 한다.

그 성능이 수련으로 인하여 강화할 수 있는 정도를 넘어설 경우 무리로 인한 탁기가 배이게 되며 배인 탁기를 제거함에는 많은 기력이 소모되는 까닭이다.

따라서 강약과 완급을 적절히 조절하여야 하니 수련에 있어 가장 중요한 것은 바로 서두르지 않는 가운데 자신이 취해야 할 것을 취하는 것이다.

쉴 때는 쉬고 할 때는 하는 방법을 사용하되 다만 마음의 끈을 놓지 않고 있으면 그것이 수련의 길에서 벗어나지 않는 것임을 명심하라.

특히 노년에 들수록 수련기간이 많이 남아 있지 않음이 초조함을 부르고 이 초조함이 수련에 방해가 되는 경우가 많으므로 노년의 수련은 청년기의 수련과 달리 마음공부 위주로 하여야 하되 이미 마음에 비워진 부분이 많아 하늘이 들어찰 자리가 넓으니 그 자체로서 이미 속한 진전을 이룰 수 있는 기반을 갖추고 있는 것이다.

수련을 열심히 하는 것과 무리하는 것은 다르며 오랜 기간 육신의 수련에 전념한 선배 수련생들은 마음 수련에 들어 기력을 보충하면서 가야 할 필요가 있다.

부모로부터 물려받은 육신으로 수십 년의 습과 더불어 살아오다가 단기간의 수련으로 모든 것이 바뀌는 것은 한계가 있으니 다만 호흡과 마음으로 길을 가야 하는 것이다.

불교에서도 동안거와 하안거 등 집중수련을 하는 시기와 평상시 수련을 하는 시기로 구분되어 있는 것은 일정기간 기운을 비축하여 힘차게 나아가고 다시 기운을 비축하여 그 다음 단계로 나아가는 방법을 사용하는 까닭이며, 이러한 방법은 속에서 수련하는 수련생들에게는 지속적으로 나가는 방법보다 효율적인 진전을 볼 수 있는 까닭이다.

이O 수사의 경우 기력이 쇠한 원인은 우선적으로 연령에 원인이 있으며,

그 연령에도 불구하고 지나치게 의욕적으로 수련에 임한 것이 약간의 무리를 가져온바 되었다.

이0은 전생의 업에 의하여 원래 부실한 몸을 타고 났으나 자신의 체력을 과신하고 지금까지 몸을 과도하게 사용한바 있다. 현재까지의 수련 기간은 업 해소 기간으로서 그간의 수련으로 전생과 금생의 업을 어느 정도 해소하였으므로 앞으로는 수련에 있어 몸을 사용함을 줄이고 마음공부를 늘리도록 할 것.

특히 호흡기는 기운이 들어오고 나가는 곳으로서 수련을 중심으로 본다면 가장 중요한 부분이다. 마지막까지 사용하여야 할 부분이자 이상이 없어야 하는 부분인 것이다. 우선 다소간 육신의 수련시간을 줄이고 섭생이나 약재 등 다양한 방법으로 기력을 보충하도록 하되 어느 부분에서도 절대 무리하지 않도록 할 것.

거친 호흡을 하지 않도록 하고 고요한 호흡을 하되 집중하여 수련 시에는 잠시 단전에 의념 하여야 하나 평상시에는 온 몸의 어느 한 부위에 집중하는 것 보다는 편안히 전신을 의념 함으로써 기운이 전신에 고루 배일 수 있도록 할 것.

도인법 등 육신의 수련시간을 현재의 2/3로 줄이고 의념으로 마음을 모으는 공부에 주력하되 항상 평안한 상태를 유지할 수 있도록 할 것.

선계란 바로 옆에 있는 것이며, 내 안에 있는 것이지 멀리 바깥에 있는 것이 아니다. 수많은 선배들이 자신의 내부에서 선계를 찾아내었으며 내 안에 있는 본래의 나와 현재의 내가 일치를 이룸으로 인하여 마침내는 자신의 길을 완성한 바 있다.

꾸준히 자신의 길을 가면 반드시 목적을 이룰 수 있도록 스승과 하늘이 지켜 줄 것이다. 하늘은 스스로 자신을 도울 수 있는 수련생을 원함을 알 것.

자신이 길을 찾으면 반드시 하늘이 기운을 내려 보낼 것이니 끝없는 마음의 방황과 조급함을 버리고 천천히 느긋이 자신의 길을 갈 것. 충분하다.

00 수사의 질병

– 00 수사가 자궁에 큰 혹이 있어 계속 신경이 쓰이고 혹이 커지는 배란기 때는 만사가 귀찮다고 합니다. 수련을 열심히 하는 데도 혹이 줄어들지 않는 원인과 처방, 앞으로의 수련 지침을 바랍니다.

절대 서두르지 말 것. 00의 경우 그동안 몸 공부를 병행하였으나 그만큼 하였으면 이제 어느 정도 궤도에 올랐다고 할 수 있다. 기적인 보충이 수술을 하여도 무방한 상태까지 되었으니 이제 정밀검사를 받은 후 합당한 조치를 하도록 하라.

현재까지는 기적인 보충과 마음의 동요를 줄이는 과정이었으며, 이제는 보다 신속한 결과를 가져올 수 있는 수술 등의 방법이 가하다.

기운의 낭비를 줄이고 앞으로 보충되는 기운은 진화의 길을 감에 사용할 수 있도록 할 것. 모든 결과는 하늘에 맡기고 임하도록 하되 모든 동료 선후배 도반들이 마음을 모아 00 수사에게 정성으로 기운을 지원하도록 할 것.

일단 하늘(우주)의 길에 들어서 진심 하나로 이만큼 온 이상 절대 하늘이 버리지 않는다. 하늘이 인간을 생각하는 범위는 인간이 하늘을 생각하는 것 이상이다. 하늘을 믿고 하늘의 길을 가도록 하라.

00의 금번의 병은 전생의 업으로 인한 것으로서 그동안의 노력으로 인하여 전생의 업이 상당량 해소되었다. 수고 많았다.

부채를 갚는 해업 과정

00 수사

수련에 들어 모든 것이 풀려나가면서 좋아지는 경우와 그렇지 않은 경우가 있다. 긍정적인 결과를 가져오는 경우는 자신이 모든 것을 긍정적으로 되도록 하기 위하여 많은 노력을 하는 경우이며, 부정적인 결과가 나오는 것은 자신이 자신도 모르게 부정적으로 노력하는 것이 있기 때문이다.

수련이란 본인의 모든 과정을 결산하는 의미가 있다. 전생을 비롯하여 자신이 오랜 기간 축적한 선악과 물질, 마음의 모든 관계가 벗어지고 나서야 비로소 선인이 되는 것이다. 수십억이나 수백억의 빚을 지고 남에게 많은 부담을 준 상태에서 수련만 열심히 한다고 해서 선인이 되는 것은 아닌 것이다.

속에서의 생활을 잘 하는 것은 타인에게 부담을 주지 않음으로 인하여 스스로를 가벼이 하는 것이다. 스스로 양심의 가책이 없다고 해도 이러한 것들이 무엇인지 모를 부채로 남아 있는 경우도 있는 것이다. 따라서 수련 중 이러한 것들이 덜어져 나가는 것은 자연스런 과정이자 결과인 것이다.

선인이 되고자 하는 모든 수련생들이 이러한 과정을 겪는 것은 필수적인 것이니 수련 중 힘겨운 경우는 본인의 업보에 따라 몸 공부로, 돈 공부로, 기타 주변의 사람들을 통하기도 하는 등 다양한 형태로 오는 해업의 과정인 것이다.

아무리 하고 싶어도 안 되는 경우나 하려고 노력하지 않았는데 저절로 되는 것 등 운으로 표현되는 모든 것들이 결코 우연일 수 없는 것은 바로 먼지 하나 들어 갈 만큼의 빈 곳이 없는 우주의 법칙이 정밀하게 작용하고 있기 때문이다.

우주란 크기만 한 것이 아니며, 무척 세밀하기도 해서 나노의 나노까지도 존재하는 곳이며 이 모든 것들이 기적인 상태로 자동 조절되는 곳이다. 작음도 무한하며, 크기도 무한하나 인간이 보고 느낄 수 있는 것은 일정 부분만이다.

인간의 눈으로는 가시광선만 볼 수 있으나 사실상 보이지 않은 빛이 더 큰일을 하고 있는 것처럼 모든 영역에서 인간의 능력으로 가능한 것은 아주 부분적인 것이다.

이 세상의 모든 것들은 바닷가 바위틈에서 물이 나가고 나면 그 틈을 공기가 메우듯 자연스레 다른 모습으로 변하는 것이다. 수련에 든 천수체들은 마음자리에서 악업이 나가고 나면 선한 것으로 채우기보다 우주기운으로 채움으로 인하여 자신의 나쁜 것을 비우고 하늘을 받아들여야 한다.

악업을 비운다는 것은 악업의 달짝지근한 특성상 인간으로서 쉽지 않은 일이다. 악업이란 바로 세상에서 겪어야 할 것을 겪지 않고 쉽게 살아가려 하는 것을 말하는 것이니 100원 짜리 물건을 70원에 사는 것과 같아 30원 만큼의 편안함을 갖는 대신 그만큼의 심리적인 부채를 지는 것과 같은 것이다.

이 부채를 갚는 것이 바로 수련 중에 나타나는 현상으로서 이러한 현상들을 겪고 그 빚을 갚음으로 인하여 자신의 부채가 소멸되는 것이다. 이러한 과정은 모든 수련생들에게 공통적으로 나타나는 현상으로서 비교적 수련 단계가 높을수록 고난도의 해업 과정을 겪게 된다. 모든 것이 풀리고 나서야 자신의 자리를 찾아들어가는 것이니 수련이 진행됨에 대한 증거인 것이다.

OO 수사의 경우 이러한 업보에 더하여 본인의 조급함이 원인의 일부를 이루고 있다. 절대로 조급함을 버리고 차분히 수련에 임할 것. 마음의 병이 몸의 병으로 표현되는 것은 수련생의 경우 양자가 일치됨으로 인하여 일반인에 비해 더욱 즉각적으로 나타난다.

때로는 수련욕심까지도 욕심이 되는 경우가 있으니 절대로 과하지 않도록 유념할 것. 고수가 되면 칼을 들지 않고도 상대를 벨 수 있는 것이니 마음의 칼이 진정 칼의 역할을 하는 까닭이다.

현재의 증상은 마음속에 엉켜있던 갈래가 풀려나가고 있음이니 기존에 쌓인 업보를 속히 풀어나가는 방법은 마음을 편안히 갖는 것임을 알 것.

마음을 많이 열수록 많은 업보들이 빨리 나가는 것이며, 조급해 할수록 소량의 해업이 이루어지는 것이다. 마음을 편히 하고 해업과 선인화에 대한 자신을 가질 것. 하늘은 자신을 믿는 천수체들을 버리는 법이 없다.

00 수사의 피부병

사람이 육신을 가지고 있는 이상 관리를 잘 하여야 한다. 자동차를 가지고 있으면 정기적으로 정비를 하면서 타야 하듯이 인간의 몸 역시 생존의 기간에 관리를 잘 하여야 한다.

수선재에 입문하기 전 이미 관리를 소홀히 하여 부실하게 되었을 경우 지금부터라도 관리를 잘함으로써 완벽하지는 않으나 수련을 함에 불편이 없을 정도의 몸은 가질 수 있다.

00의 경우 원래부터 사타구니 부분의 기운을 약하게 타고났으나 이것이 영향을 미치지 않을 만큼이므로 느낌이 없었으나 치료법이 잘못 되었던 일부 약물의 부작용으로 크게 나타나게 된 것이다.

이러한 경우 기존의 증상이 사라지기 전까지는 상당한 정성으로 치료를 할 것을 권한다. 우선 공기와 물, 식사가 가장 좋은 약이며 이 세 가지를 갖춘 곳 수선대를 가급적 떠나지 말고 업무를 하면서 수련을 하되 매일 깨끗한 물로 씻고 정성 들여 약을 복용하되 이 약의 기운이 환부에 도달할 수 있도록 운기 하여야 한다.

축기 후 단전에서 끌어올린 기운을 허리를 한 바퀴 돌리면서 강화한 후 해당부위로 보내서 증상을 씻은 후 병증을 씻어 내린 기운은 다리를 통하지 말고 바로 아래로 내려보낼 것. 그 후 하늘의 기운을 받아 계속 씻어 내리면서 병원의 처방에 따르도록 할 것.

인간의 몸은 지기로 구성되고 천기로 유지되는 것인 바 지기에 대한 부분이 보충되지 않는다면 아무리 천기가 많이 있어도 용처가 없이 되는 것이다.

우주의 기운은 인간의 몸과 마음을 통하여 자신의 뜻을 펴는 것이며, 이러한 도구로서 사용된 인간은 스스로 우주화하여 자신이 선계의 일원이 되는 것이다.

현재의 증상은 일부 업의 성격도 있으니 만큼 나름대로 인내하면서 금번의 계기를 수련을 진일보할 수 있는 동기로 삼을 수 있도록 하면 많은 발전이 있을 것이다.

OO 수사의 협심증

- OO 수사가 최근 건강검진을 받았는데 협심증이 심하여 입원하여 수술하라는 의사의 권고를 받았다고 합니다. 어찌해야 하는지요? 전부터 심장으로 고생을 하였다고 하는데 수술을 안 할 경우 원인과 처방바랍니다.

수련생들의 경우 마음의 상태에 몸이 따라가는 경우가 많이 있는바 마음이 열리고 나면 몸의 이상이 속히 치료되는 것을 볼 수 있다. 정신적 원인에 근거한 질병일수록 수련에 들면 쉽게 치료가 되는 것이다.

마음에 근거한 병의 경우 가장 직접적으로 영향을 미치는 부위가 주로 심장이며, 심장에서 그 증상이 시작되었으나 마음을 다스림으로써 나을 수 있는 부분이 있다. 허나 어느 정도 이상으로 증상이 심화되었을 때는 적절한 치료를 받는 것이 나쁜 것은 아니며 도움이 될 수 있다.

인간의 수련은 다양한 방법을 통하여 진행되며, 이 다양한 방법 중에는 자신의 몸을 통하여 하는 공부가 포함된다. 몸을 통하여 하는 공부는 상당한 중요성이 있는 공부이자 시험일 수 있다. 이러한 해결방법이 있는 시험은 비교적 가벼운 것이며, 본인이 빨리 알아낸 것 역시 큰 혜택이라고 할 수 있다.

몸이란 우주가 수련에 관한 모든 조건을 시험해 볼 수 있는 객체이자 우리가 수련을 함에 있어 끝까지 관리해야 할 대상인 것이다. 병원을 통한 치료방법도 하늘이 내린 것이며 이 방법을 이용하여 보다 건강한 상태로 자신을 관리하는 것도 바람직한 방법이라고 할 수 있다.

협심증은 중한 병이 아니다. 주로 마음이 막힌 상태로 오래 지나다 보면 혈관이 이에 반응하여 이러한 증세가 나타나게 된다. 마음이 열린 상태로 오래 지나면 이러한 증상이 없어질 수 있으나 그렇게 해서 치료를 한다는 것은 00 수사의 현재의 상태로서는 무리일 수 있다.

00는 자신이 가지고 있는 에너지를 현재의 증상을 치료함에 사용하기 보다는 의사의 권고에 의해 수술을 받고 나서 건강한 몸으로 자신의 진화를 위해 기운을 사용하도록 하라.

몸 공부에 드는 수련생들에 대하여 여타 도반들은 진심으로 쾌유를 기원하고 당사자가 하늘의 시험으로부터 무사히 벗어날 수 있도록 기운으로 지원할 것.

하늘은 모든 수련생들이 무사히 자신에게 부과된 시험을 통과하여 선인이 될 수 있길 기원하고 있으니 하늘의 기대에 어긋나는 일이 없도록 하는 것은 곧 가장 직접적으로 자신을 위하는 길이 될 것이다.

마음의 크기, 몸의 크기

김OO

마음이 원하는 바를 몸이 따라주지 않아 생기는 현상으로서 마음의 병이라고 할 수 있다. 이러한 증상은 자신의 마음의 크기와 몸의 행동반경의 크기가 일치하지 않을 경우 생긴다.

대개의 인간이 마음과 몸이 일치하지 않는바 이 비율이 1:1 이하이면 자신의 몸을 자신이 통제하지 못하는 경우로서 일명 바보라고 일컫는 경우이다.

몸의 크기에 비하여 마음의 크기가 2-3배 정도이면 정상적인 것이며 꿈이 좀 큰 경우이다. 허나 5배 이상이 되면 인간으로서 가장 큰 상상력을 가지게 되며 정상적으로 통제할 수 있을 경우 예술 분야에서 거장이 될 가능성이 있다.

허나 정상적으로 통제하지 못하는 마음은 곧 병이 될 가능성이 있으며 김OO과 같은 경우이다.

마음을 이기면 나을 수 있는바 마음을 이기기 위해서는 하심을 지속적으로 하여야 한다. 자신보다 못한 사람을 우러러 볼 수 있을 정도가 되면 통증이 가실 것이며, 이때는 자신의 마음을 통제할 수 있으므로 본래의 특기를 발휘할 수 있을 것이다.

마음은 상상의 나래를 펴고 한없이 날고 싶은데 국민윤리를 전공하면서 마음을 얽어매고 있으니 병이 안 날 수 없다. 지금이라도 전공을 바꾸어 3D를 하면 마음껏 날개를 펼 수 있을 것이다. 허나 어느 한 가지라도 잘 하기 위해서는 남들보다 수배의 노력을 필요로 한다.

상상을 현실화하는 직업이니 만큼 현실 속에서 상상을 창조하는 일에서 보람이 찾아질 것이다.

결혼 인연은 지금으로서는 확실하지 않으나 일을 찾고 나면 나타날 수 있다. 우선 수련으로 마음을 다잡고 일을 찾아 자신의 길을 연후 결혼 여부를 생각함이 옳다. 자신의 상상의 나래가 크니 처는 현실적이면서도 남편을 이해할 수 있는 사람이 보완되고 좋을 것이다.

전생에도 조선 초 화가로 태어났으나 화가가 적성이 맞지 않아 그림을 업으로 하였으면서도 밥벌이가 되지는 않았다. 심리적 방황을 많이 하였으며, 따라서 주변 사람들에게 빚이 많으니 돈을 버는 대로 주변 사람들을 통하여 사용하면 좋을 것이다. 당시 빚을 받을 사람들이 다행히 금생에 주변에 있으니 해업은 쉬울 것이다.

수련은 필수이다. 이 길에 들지 않았으면 평생을 고통 속에서 자신을 가두고 살았을 것이다. 모든 일의 우선순위를 수련에 둘 것. 수련을 하고 나서 다른 일을 하여야 한다.

본인의 의지가 중요한 변수

황○○

신의 가호는 국내외를 불문하고 내려진다. 이 경우 본인이 수련 시 쌓아 놓은 정성만큼의 기운을 지원 받을 수 있다. 우주의 법칙은 정확하여 절대로 한 것 이상 내려오는 법이 없으며 한 것 이하로 내려오는 법도 없다.

본인이 정성을 쌓기는 하였으나 금번의 질병이 완전히 나을 만큼 쌓은 것은 아니니 다소 부족한 것은 도우들이 기운을 지원해 주는 것이 필요하다. 아는 사람들이 마음을 모아 기운을 지원해 주도록 할 것. 이렇게 하고 나면 하늘이 도와주신다.

전생은 신라시대에 도사를 빙자하여 속세를 지도하려 하였으나 사실상 도에 대하여 아는 바가 없어 업을 쌓았으므로 금생에 도를 마무리하기 위하여 수선재에 연결되었다. 죽을 각오로 수련한다면 금생에 목적을 달성할 수 있을 것이다.

수련방법은 스승의 가르침에 대하여 판단하지 말 것. 스승의 가르침은 절대적인 것이다. 이러한 절대적인 것은 인간의 머리로 판단하는 것이 용납되지 않는 것이니 무조건 따른다면 길이 보일 것이다.

아는 것이 별로 없는 것이 장점이자 단점이라고 할 수 있다. 현재 하고 있는 일을 열심히 할 것. 항상 현재의 결과에 따라 다음 과정이 결정된다.

이번의 병은 본인의 업으로 온 것이며, 우선적으로 본인의 의지가 작용하여야 한다. 병이 완쾌되어 수련에 임하려는 본인의 의지가 작용하지 않으면 다음 단계로 진입할 수 없다.

스승은 다음 단계로 진입하도록 도움을 주는 것이 역할이다. 본인의 의지는 가장 중요한 변수이다. 수련생에게 있어 매사는 수련의 한 과정이다.

- 수련생의 질병에 대하여 지도 선인님과 의선님은 어떻게 대처하고 계신지요?

본인의 업장을 분석하고 이 업장에 대하여 선계의 기운이나 본인의 기운 중 어떠한 부분을 사용할 수 있을 것인가를 확인하여 본인에게 연락해 주신다. 이 과정은 수련 초기에는 본인이 모르는 사이에 진행되는 경우가 대부분이다.

본인의 기운 중에도 오행의 기운이 각기 있어 이 중의 어느 부분을 사용할 것인가를 본인이 모를 경우 지도선인이 판단하여 조절을 해 주신다. 우주 기운이나 천기의 사용은 이분들의 판단에 의하여 연결된다.

― 수련생이 수술을 하거나 병원에 입원하는 일이 발생할 경우에 대개의 수련생들은 선계로부터의 지원을 바랍니다. 맞는 처신인지요?

자신이 할 수 있는 것을 전부 하고 나서 주변 수련 동료들의 지원이 있고 나면 하늘이 도와주신다. 주변의 동료들도 환자를 위하는 마음이 생기지 않을 정도의 인간이라면 하늘의 위함이 있을 수 없을 것임은 너무나 분명한 것이다.

수선재의 가르침은 하늘의 위함을 받을 수 있는 인간을 만들어 스스로 구제 받을 수 있도록 하고자 하는 것이다. 이렇게 된다면 하늘이 도움을 주시는 것이다.

공부를 잘 하는 학생이 되고자 노력하는 것이 중요한 것이며, 공부를 잘 하는 학생에게는 장학금이 주어지듯 하늘의 도움이 내려오는 것이다.

스승이 하늘에 도움을 청할 수 있어도 도움이 내려오는 것은 하늘의 뜻이니 먼저 하늘에 잘 보일 수 있는 자신을 만들어 갈 것. 스스로 망가져 있는 사람에게 하늘이 도움을 줄 리는 만무한 것이다.

본인들이 생각해 보면 알 수 있는 것이니 평소 앞뒤가 다른 처신으로 일관하지 않도록 할 것. 즉 세속적인 욕심으로 일관하면서 하늘의 도움을 바란다면 이것처럼 앞뒤가 맞지 않는 것이 없음이니 하늘은 그렇게 터무니없이 일을 하는 법이 없음을 알라.

단전을 놓친 수련생

* 최근 한 수련생이 단전을 놓치는 바람에 정신이 오락가락하는 일이 발생하여 천서를 받아보았습니다. 다 같이 주의하여 주시기 바랍니다.

본인의 기운을 감당치 못하여 무너진 형국이다. 미국 무역센터가 붕괴되는 것과 같은 형상으로 기운이 붕괴되었으며, 이러한 모습으로 얼마간 갈 것이다. 수련생 중 이러한 경우가 가끔 있는 것은 전생의 업이 일찍이 드러나는 것이며, 수련을 하지 않았다면 더 있다가 드러났을 것인바 수련을 함으로써 일찍 드러나는 것이다.

기운이 흩어지는 이러한 일은 본인의 기운이 단전에 담겨 있을 때 단전이 이것을 감당할 수 있을 만큼의 내구력을 가지게 수련을 하여야 하는 것인바 단전의 내구력이 기운의 결집을 감당할 수 없게 되므로 이러한 일이 생기는 것이다. 이러한 일은 여러 사람이 힘을 합하여 지원해 줌으로써 나을 수 있으나 단전이 흐트러져 있으므로 쉽지만은 않다.

이러한 일이 발생하지 않기 위하여 가장 중요한 것은 자신을 강력히 다잡는 것이다. 자신을 강력히 다잡지 못하면 이러한 일 외에도 다양한 일이 있을 수 있다. 수련으로 앞당겨지는 과제를 감당할 수 있는 기운을 갖추는 것이 이러한 일에 대하여 가장 나은 예방책이 될 수 있다.

가장 나은 것은 단전강화수련이며, 단전강화수련으로 강력한 단전을 만들고 나서 기운을 받는다면 아무리 많은 기운이 들어와도 감당함에 부족함이 없다.

단전은 모든 것을 태우기도 하고, 넣기도 하며, 담기도 하는 것인바 이 단전이 부실하면 모든 것이 허사이다. 단전에서 기운이 배양되며 이 배양된 기운을 가지고 수련에 드는 것인바 이 기운이 흩어지는 일은 자주 있는 것은 아니며 본인이 단전을 놓쳤을 때이다.

우선 자신을 찾을 수 있도록 가까운 사람이 옆에서 살펴주도록 하며, 이 살펴줌에 정성이 들어가도록 하라. 우선 각 지부장과 수사들은 수련 시 단전강화수련 시간을 늘리고 수선재 수련 전체에서도 단전강화수련을 늘림으로써 지부에서 이러한 일이 발생치 않도록 하는 것이 중요하다.

사스(SARS)의 원인과 대책

− 사스의 원인과 대책은 어떤 것인지요?

사스의 원인은 동물과 인간의 경계가 허물어진 까닭이다. 같은 인간내의 체내에서도 섞이면 안 되는 부분이 존재하며, 이러한 경계가 허물어지면 엄청난 재앙이 발생하는 것이다. 같은 인체 내에 있다고 해서 혈액이 위장 내에 있어도 되는 것은 아니므로, 혈액은 혈관 내에 있어야 제 기능을 발휘하는 것이며, 위액은 위장 내에 있어야 제 기능을 발휘하는 것과 같다.

동일한 인체 내에 있어도 기능상의 차이가 존재하며, 이러한 차이가 조화를 이루어 우주를 이루었거늘 인간과 동물의 경계를 넘나드는 것은 상상할 수 없는 재앙의 씨앗을 불러일으키게 되는 것이다.

동일한 공간에 존재하여도 우주가 정한 법칙으로 생활한다면, 즉 정상적인 동물을 정상적인 방법으로 조리하여 정상적인 식생활을 통하여 섭취하는 것은 절대로 이상이 생길 수도 없거니와 생겨도 저절로 해결되는 것이 바로 우주의 법칙인 것이다. 이러한 질서의 둑이 파괴되었을 때 그 둑을 넘어 들어가는 것이 바로 에이즈와 사스 같은 경우이다. 인간들이 스스로 만들어 낸 재앙이다.

― 원인 균인 코로나 바이러스가 가축으로 비롯되었다는 설도 있는데 예방책과 병에 걸렸을 때의 대책을 문의합니다.

가축 중에서도 소에게서 중점적으로 발견되는 것이기는 하나 모든 가축에서 전체적으로 발견되는 것이며 돼지 콜레라가 돼지에게는 문제가 되어도 인체에는 해가 없듯이 각각의 영역이 존재한다면 문제가 없는 것이다.

이러한 영역의 붕괴는 홍수가 발생하였을 때 제방이 무너지는 것과 같은 영향을 초래하여 많은 선의의 피해자를 발생케 하는 것이며, 이러한 재앙은 유사 이래 여러 번에 걸쳐 인간들에게 경고를 한 바 있다. 가장 무서운 재앙은 바로 이러한 영역의 구분이 무너지는 것이며, 인간의 세상에서도 이러한 일은 가장 무서운 결과를 초래하였다.

대책은 산소가 충분한 곳에서 호흡을 깊이 하여 자신의 면역력을 키우는 것이다. 단전호흡만 제대로 하여도 이러한 정도의 위협은 극복이 가능한 것이며, 자신의 몸 상태를 점검하여 감기, 피로 등 이상이 있는 것으로 느껴지면 가능한 하루 3시간 이상 호흡을 하여 내성을 키울 것을 요한다.

면역체계를 강화하는 방법으로는 호흡 이상이 없다. 호흡이 있고 나서 수선재에서 수련생들에 의해 만들어진 약을 상용하는 것도 한 방법이다.

― 사스는 어느 정도 기승을 부린 후 끝날 것인지요?

인간의 머리로 조만간 해답이 나오지 않을 것이며 중국이 이로 인하여 많은 피해를 볼 것이고, 중국 인근의 다른 나라 역시 동일한 결과를 가져올 것이다.

끝은 없을 것이며 에이즈와 같이 지속적으로 인간의 지혜를 시험할 것이니 이러한 시기에는 예정되어 있지 않았던 재앙을 겪을 수도 있으니만큼 주의하여 생활함으로써 천수체로서의 길을 감에 차질이 없도록 할 것.

- 중국에서 시작된 이유는 무엇인지요?

중국이란 무궁한 잠재력을 가지고 있는 반면 그 잠재력은 잘못 이용하였을 경우 가장 큰 재앙의 원인이 되기도 한다. 한편의 초고속 경제발전과 이를 따라가지 못하는 심정적 차이는 많은 면에서 갈등의 소지를 불러일으킬 것이며, 이러한 갈등은 여러 가지 결과로 나타날 수 있다. 그 중의 하나가 바로 이러한 것이다.

(2003년 천서)

8

우주에서 온 수련생들

명부1 향천 후 고향별 카디날성으로

이OO

지구에서 동북방으로 150억 광년 떨어진 곳에 있는 와루이 은하의 가운데로부터 바깥으로 절반 정도 떨어진 곳에 있는 카디날성의 원주민이었다.

원주민들은 지구의 인류와 유사한 정도의 수준이며 이들 중 수련을 하고자 하는 이들은 열심히 수련을 하고 있으나 다른 원주민들은 특별한 의념이 없이 보통으로 살고 있다. 인간세상과 아주 유사한 별이다.

이 원주민 중 일부는 상당한 수련으로 다져진 기반 위에서 생활하므로 기본적인 과정이 이미 완성되어 있어 선계 지향의 특화수련을 하고 있다. 이OO는 당시 수련과 깊은 인연은 없었으나 많은 관심을 가지고 있었으며, 이 관심이 금생에 선계 입학을 위하여 지상으로 유학을 온 계기가 되었다.

카디날성은 나침반을 놓고 정동북에서 북쪽으로 2°, 지상을 수평으로 놓고 위로 42° 정도의 방향에 있다. 시간적으로는 지금으로부터 20여 년 전에 살았다. 그곳 시간으로 30여 년은 지구 시간으로 1300여 년에 해당한다. 선계의 선인들 중 0.03% 정도가 카디날성 출신이다.(이 정도면 많은 편임)

타고난 선골이나 수련을 하지 않아 마음이 나갈 방향을 정하지 못하였다. 지구에서 태어난다고 전부 완성되는 것이 아닌 것은 미국이나 영국에 유학한다고 해서 전부 유창한 영어를 구사할 수 없는 것과 같다.

카디날성의 수련 과정은 지구의 수련 과정과 유사하며 호흡을 기반으로 구성되어 있어 금생에 호흡을 제대로 배우고 돌아간다면 카디날성에서 상당한 등급 향상을 이룰 수 있다. 그 다음이 선계 진입이다.

카디날성에서 하여야 할 일이 있으므로 카디날성을 거치고 나서야 선계 진입이 가능한 경우이며, 카디날성으로 돌아가기 위해서는 금생에 수련으로 이 별의 기운을 확실히 익혀 자신의 것으로 하여야 한다. 지상에서 수련으로 선인이 된다 하여도 카디날성을 거친 다음 선계로 들어간다는 뜻이다.

자신의 위치를 찾지 못함이 단점이며, 자신의 위치를 찾고 나면 수련 진도가 빠름이 장점이다. 자신의 위치를 알았으므로 중단없이 수련에 임할 것. 방향을 정하지 못함으로 인한 수련 진도의 부진의 이유는 해결되었으니 이제 본인이 할 일만 남아있다.

카디날성 방향을 통하여 팔문원을 걸어놓고 수련을 할 것. 팔문원이 카디날성의 기운과 연결해 줄 것이다.(스타트랙에 나오는 행성 간 이동장치처럼 사용할 수 있음)

아내인 유00과는 전생에 만난 적이 없다. 파장 대역이 비슷한 것이 금생에 만난 이유가 되었다. 두 딸의 수련 인연은 86%정도로서 높은 편이다.

역시 카디날성 출신이니 잘 지도해 보도록 할 것. 지구에 머물고 싶은 생각이 깊다면 더 놓아두는 방법도 있다.

향후 지부장 보다는 다른 면에서 대전지부에 도움을 주는 것이 좋다. 지부장은 지구 출신이 하는 것이 가장 좋으며 다음이 선계 출신이고 유학생은 기운 지원 등 다른 일로 돕는 것이 좋다. 지부장은 현지의 사정에 밝아야 인도를 잘 할 수 있으며, 이러한 이유로 타 별 출신들보다는 지구별 출신이 낫다.

명부2 동물은 하늘이 내려준 교재

강00

천기이나 구체화하지 못한 상태로 존재하다가 고려 말 지상에서 태어나 계룡산 부근 지역에서 한의사로서 평생 환자들을 진료하였다. 건강하게 73세까지 장수하며 노후를 지냈다.

인품이 원만하고 사려가 분명하며 한의학에 밝아 인근에서 칭송을 받았다. 당시 오행에 밝았으며 이것을 기반으로 의술을 베푸니 90%이상을 고쳐주었다.

천기에 연결되지 않은 상태에서 그 정도 의술을 지님은 쉽지 않은 것으로서 당시의 노력을 하늘이 어여삐 여겨 금생에 수선재와 연결되도록 한 것이다.

강의 경우 모든 것을 하늘이 정해준 대로 살아왔으며 앞으로도 특별한 변수가 없는 한 그러한 길을 걸을 것이다.

수련 인연은 93%이상이다. 금생에 깨치고 난 이후에는 선인으로서 무생물 성 2-3개를 관리하는 역할이 부여될 수 있다. 전력을 다하여 수련해 볼 것. 앞날이 밝다. 앞으로 지부장은 물론 그 이상의 일도 할 수 있는 사람이다. 정신적인 바탕이 든든하니 큰 업적을 세워보도록 할 것.

좋은 인연을 타고났음이 장점이다. 허나 건강이 약해질 우려가 있으니 몸을 조심해서 사용할 것. 동물을 보도록 한 것은 이것에 비추어 자신의 몸을 관리하라는 뜻이 있었기 때문이다.

수련에 들어 본래 자신이 온 곳을 떠올리면 우주의 한 공간이 나타날 것이다. 이 공간의 기운을 끌어다 축기할 것. 도인법을 충분히 하되 축기 위주로 하고 기운을 돌리지 말 것. 때가 되면 저절로 기운이 돌면서 천기에 연결될 것이니 단전 축기에 전념하고 축기가 완성되면 다시 스승의 가르침을 받을 것.

몸은 용도가 정해져 있으며 사용기간 역시 정해진 것이니 잘 관리하고 사용하여 목적지에 도달함에 차질이 없어야 한다.

처와 자식들이 수련 인연이 있다. 75점 이상의 좋은 인연이니 권유해 볼 것.

수의사는 금생에 자신의 일이다. 짐승을 통하여 오행과 천지 만물의 이치를 알 수 있도록 한 것이니 하나하나가 모두 공부인 것이다.

수선재에서 필요한 것은 하늘을 믿고 따르는 마음이며 이것이 갖추어졌으니 이것을 동물을 통하여 바라보면 또 다른 시각이 열릴 것이다. 동물이 단순한 동물이 아니며 하늘이 내려준 교재임을 알 것이다.

나중에 수의사를 그만두면 수선재를 위하여 일할 것이되 그러한 시기는 아직 멀었으니 현재의 일을 충분히 할 것. 현재의 직장이 너무 바쁘면 어떠한 형식으로든 수의사의 일은 할 것.

명부3 처음 태어난 천수체의 씨앗

박OO

천수체로서의 씨앗을 배태한 상태로 지구에서 태어났다. 천수체의 씨앗은 우주에서 받은 것이며, 씨앗을 내려 준 우주는 오리 성단의 광막 안쪽에 있는 리오계의 한 별이다.

지상에서는 태어난 적이 없으며, 천수체로서 우주에 존재하다가 금번에 생명을 받은 것이다. 생명을 받기까지 지구의 기준으로 하면 수많은 세월을 보냈으나 우주의 시간으로 보면 지상의 봄 정도의 한 계절을 보낸 것과 같으며 지금부터 싹을 틔울 준비를 하면 된다.

우주에는 천수체들이 씨앗의 형태로 존재하는 경우가 많으며, 이러한 씨앗은 선인들이 영체를 환생시킬 때 사용하기 위해 준비해 놓은 것이다.

수련 인연은 86점 이상으로서 수련을 하여 본성과 접촉하지 않을 예정이었으면 금생에 태어나지도 않았을 것이다.

지금까지 수련에 인연이 닿지 않았음이 단점이며, 수련에 인연이 닿았음이 장점이다. 본인이 천수체임을 알기까지 많은 시간이 걸렸음이 단점이 며, 지금이라도 알았음이 장점이다.

모든 것은 연결되는 것이며, 이 연결된 것을 잘 키워서 자신이 선인이 되어 갈 곳을 만드는 것이 금생의 일이다.

망설이지 말 것. 주변의 누가 어떠한 이야기를 해도 자신의 목소리를 듣기 위해 노력할 것. 단전의 소리를 들을 수 있도록 주력하고 이것은 축기에서 시작하여 단전에 기운이 쌓였을 때 어떠한 소리가 나는지 들어보도록 할 것.

도인법을 우선하고 축기 후에는 10분 정도 단전에 귀를 기울여 보는 습관을 들이다 보면 처음에는 들리지 않으나 점차 들리게 될 것이다. 이 소리를 따라가면 된다.

아내인 김OO와는 금생에 처음 만난 인연이다. 인연이란 하늘에서 만들어지는 것이 있으니 처와의 인연은 하늘에서 만들어 준 것이다. 처는 하늘과의 인연을 가지고 있었으며 이 인연이 금생에 만남을 준 것이다. 자녀의 수련 인연은 현재는 두텁지 않으나 점차 개발되어 천수체가 될 것이니 차분히 살펴보면서 하늘을 알려주도록 할 것.

직업은 서류상으로 하는 일이 적합하며 몸으로 하는 일은 적합지 않다. 수선재에서는 앞으로 지부장 이상으로서의 해야 할 일이 있다. 단전에서 나오는 소리 중 무엇을 하면 되겠는가에 대하여 들어보도록 하고 자신이

하고 싶은 일 3-5가지를 선정하여 다시 문의할 것.

한 번의 생으로 선인이 될 수 있는 수련을 만난 것은 하늘의 지정이 없었다면 불가능한 일이다. 명심할 것. 전생의 때가 없어 마음이 깨끗한 사람이다.

명부4 영체들을 관리하던 아라성의 영주

김OO

전생은 아라성의 영주(領主)이다. 남향으로 십자성 부근 아래쪽 뒤에 있는 성단의 한 가운데 있는 별로서 아주 날이 좋으면 천체망원경으로 보일 수도 있으나 인간의 시력으로는 어렵다.

이 별은 중생들이 수련을 하다가 선계 입적을 하지 못하고 중도에 그만두었을 때 영체의 상태로 보관되는 별 중의 하나이다. 토정 이지함 소설에서 토정의 할아버지가 향천 도중 보았던 '영체들이 수없이 떠 있는 공간'은 바로 이 별의 주변이다.

이 별에서 영체들을 관리하던 역할을 하고 있었으며, 선계 0등급의 선인이었다. 이 별은 수많은 영체들을 보관하고 있다가 태어나야 할 인연과 시기에 따라 이들을 배열하고 순서에 따라 배출하는 역할을 한다.

우주의 기운 중 초기단계에 해당하는 기운을 가진 별로서 이 별에서 배출된 영체들이 인간으로, 짐승으로, 초목으로 환생한다.

자신을 알지 못하고 있는 것이 단점이며 수선재에 들어 수련의 길에 들었음이 장점이다. 지금부터의 노력은 종전과는 다른 것이니 항시 수련이 함께 함을 안다면 달라지는 것이 많을 것이다.

금생에 인연이 현재의 상태로 주어졌다. 이것은 현실에 대한 공부이며, 이것에서 깨닫는 바가 있으면 벗어져 나가면서 다음 단계가 주어진다. 경제적인 면은 마음공부에 따라 해결되는 것이니 마음이 어디로 가는지 조심스레 관찰할 것.

다시 아라성으로 갈 필요는 없다. 한 번 거친 것으로 족한 곳이며 기운은 팔문원을 통하여 우주의 한 가운데에서 받을 것. 도인법을 많이 하고 호흡을 깊이 하며 선계에 대한 믿음을 가질 것.

남편과 아들들의 수련인연은 있으나 현재는 강력한 것은 아니다. 현재는 50점대에 머물러 있으나 본인의 수련 여하에 따라 많이 상향조정될 수 있다. 강권하지 말고 스스로 모범을 보이면 좋을 것이다.

직업은 책과 인연이 있으니 현재 하고 있는 일을 하지 않는다면 서점 등 책과 관계있는 업종이 좋다. 수련 정도에 따라 수선재에서는 지부장 이상도 가하다.

최근 선계 출신들이 수련에 드는 비율이 높아지고 있다. 이러한 징후는 비선계 출신들에게 다양한 기회를 제공하는 것이며 금생 이후 서로가 선계에서 만날 가능성을 엄청나게 높여 주는 것이다.

선계출신들이 많을수록 선계의 기운이 결집되면서 수선재의 기운이 바뀌고 바뀐 기운으로 수선재가 진화를 할 수 있는 원력이 생길 것이다. 이 원력으로 전원이 진화할 수 있도록 할 것.

*영주는 별의 일정 공간을 책임진 선인으로서 별 자체가 하나의 단위를 구성하고 있으므로 지구로 말하면 대통령 정도에 해당한다. 성주는 별 전체의 책임자.

지구처럼 복잡하고 상호간에 갈등과 번민을 거듭하는 별은 우주에서도 흔치않은 경우이다.

그러나 지구에서는 다양하고 강력한 파장이 발생하므로 이것이 온 우주의 뉴스가 되는 것이며 이 파장으로 인한 다양한 에너지가 지구 뿐 아니라 우주의 동력원으로 작용하는 것이다.

선계가 우주의 진화를 위하여 지구에서 수선재를 통하여 선계의 뜻을 펴는 이유가 바로 그것이다. 우주는 파장으로 움직이는 것이기 때문이다.

명부5 수련인연 100

장00

현재까지 지구에서 태어난 적이 없다. 다른 별에서도 태어난 적이 없으며 우주에서 무소속의 천수체로서 천선을 따라 돌다가 지상에서 태어나게 되었다.

우주에는 소속이 결정되지 않은 천수체의 포자들이 많이 있는바 장의 평소 기운이 지구의 오행 중 금(金)과 화(火)의 기운이 강하여 지상에서 태어난바 되었다.

우주에 있는 천수체의 포자들은 다양한 형태로 존재하며 이러한 다양한 형태가 지구에서 현출되기도 한다. 천수체의 포자는 반드시 천수체로 발현하는 것인바 아직 알속에서 나오지 않은 상태이므로 나오면서 조심스럽게 수련으로 자신을 강화시켜야 할 것이다.

수련 인연은 100이다. 수련으로 모든 것을 깨우쳐야 하며, 모든 것을 깨우친 후에는 할 일이 있을 것이다. 인간으로서의 자신을 너무 의식하지 말 것. 선계로의 복귀를 의념하고 수련할 것. 자신의 껍질을 깰 수 있어야 하며,

본인이 천수체의 포자임이 장점이오, 아직 본인의 자리를 찾지 못하였음이 단점이다.

단전 재건법을 열심히 할 것. 우선 단전을 강화하고 단전을 통하여 나가야 한다. 천수체임을 알고 나서도 천수체로서의 행동이 따르지 못한다면 천수체가 아닌 것만 못하니 이것이 단점이다.

중국집이 힘들다면 과자 장사가 좋다. 한과, 떡 등을 하는 것도 좋다. 자녀의 수련인연이 있다. 현재는 60점 정도이나 앞으로 올라 갈 것이다.

명부6 완기 공간인 00성단의 00

김00

완기 공간의 00성단에서 선계의 유아기를 보내고 있던 중 조숙한 영혼이 지상으로 내려가 수련하길 희망함으로 금생에 지구와 인연이 되었다. 등급이 확정되기 전이었으나 당시의 영혼으로 잘 성장하면 선계 0등급 정도를 바라볼 수 있는 수준이었다.

*00성단

단전을 통하여 기안으로 볼 수 있는 성단으로서 육안으로는 볼 수 없다. 완기 공간의 성단. 밝게 빛나는 수많은 별들이 아지랑이처럼 움직이고 있는 성단.

단전에 집중한 채 정면에 열십자를 긋고 보면 우측 상단 45도 방향에 밝게 빛나면서 연기처럼 흩어지는 듯 보이는 별들의 무리가 있다. 이 성단은 완기 공간에 있는 성단 중 0% 정도의 밝기를 자랑한다.

0등급 선인들이 있는 공간은 아주 밝아서 인간의 눈으로는 선글라스는 써야 볼 수 있을 만큼 밝으나 그 아래 약 0등급 선인들이 머무는 성단이다.

혹시 수련생들이 수련 중 이 성단이 보이더라도 급속히 다가가지 말 것. 수선인들도 현 단계에서는 바라보는 것만이 허용된다. 바라보는 방법도 유리창에서 2미터 정도 떨어져서 창 밖에 있는 성단을 내다보듯이 볼 것. 0등급 이상의 선인들만이 직접적인 접근이 허용된다.

천수체가 아닌 경우 보이지 않으며 그 자리가 공간으로 남아 검게 보인다. 우주의 진광(眞光: 100% 우주 기운으로서 이 빛을 받으면 진화가 앞당겨진다)은 대상을 가려 비치게 되며 수선인들에게는 보이나 타 수련단체에서는 볼 수 없는 경우가 대부분이다.

* 무명(無名: 이름이 없음)의 의미

파장으로 알 수 있으나 명명할 수 없음. 선계에서는 파장으로 구분되므로 굳이 이름이 필요치 않은 경우가 많으며 인간이 사용할 수 있는 수준의 단어로 무리하게 명명한다는 것은 추후 오해의 소지가 있으므로 수련으로 찾아 기운 상으로 느껴볼 것.

수련 인연은 자신이 온 곳이 있으므로 현재에도 90% 이상이다. 허나 자신을 찾는다는 것은 쉬운 일이 아니다. 아직 자신을 찾지 못하고 시행착오중이니 자신을 찾을 수 있도록 할 것.

본래의 자신을 찾지 못함이 단점이며, 자신을 찾으면 모든 것이 쉽게 풀릴 수 있음이 장점이다. 유약한 면이 있으니 이러한 면을 수련으로 수정하여 강력하게 앞으로 나갈 수 있도록 할 것.

단전재건수련을 6개월 이상 할 것. 우선 단전을 튼튼히 하고 나서 다음 단계를 할 것. 단전 재건만으로도 상당한 축기가 될 것이다.

성급하게 00성단을 바라보려 하지 말 것. 현재 상태에서는 도움이 안 된다. 이 천서를 읽는 모든 수선인들 역시 무리하여 이 성단을 찾아보지 말 것. 보이는 것의 여부를 떠나서 00성단의 기운이 간접적으로 수선재로 내려오고 있다. 바라봄이 오히려 결례가 될 수 있음을 알 것.

직업은 현장 기사보다는 설계 쪽을 할 수 있으면 좋을 것이다. 본인이 현장 특기를 가지고 있다면 그대로 무난하나 현장에서 하는 일 보다는 머리를 쓰는 일이 낫다. 수선재에서는 적성을 고려하지 말고 전천후로 뛰면 본인이 차후 이수해야 할 전인(全人) 교육 과정에 좋을 것이다.

현재 가지고 있는 기운으로 보아 아직은 배우자가 가까이 없다. 허나 아주 없는 것은 아니니 아직은 수련만 할 것. 때가 되면 나타난다. 기다림이 없으면 더 빨리 나타날 수 있다. 매사에 있어 무심만이 무엇에서건 가장 빠른 결실을 가져 올 수 있다.

명부7 영계를 통하여 지상에 태어난 포자

박OO

선계란 인간이 상상할 수 있는 모든 일이 담겨 있으되 그것의 실행 여부는 본인이 결정하는 곳이다. 누구를 막론하고 자신의 의지로 태어났으며 따라서 누구를 탓할 수 없다. 이러한 과정은 후에 알 수 있게 되나 현생의 업은 본인이 책임질 수밖에 없도록 되어 있는 것이다.

감정이 극한의 단계를 오가는 사람 중 일부는 선계 출신이다. 선계란 모든 것을 수용하는 곳이오, 모든 것을 담고 있는 곳이다.

박의 경우 유형의 상태가 되기 전 수만 년 간 우주에서 기운으로 존재하여 왔으며 이 기운에 의사가 부여되면서 자신의 위치를 찾고자 하게 되므로 이 기운이 영계를 통하여 지상에 태어난바 되었다.

박은 천수체의 포자 상태에서 바로 태어난 경우이며, 따라서 전생이 없다. 포자 상태에서 상당히 많은 것을 경험하였으나 현생에 사용할 수 있는 것은 없다.

수련인연은 상급으로서 수련을 하지 않으면 금생이 전혀 의미가 없을 것이다.

이제 온갖 바닥을 다 알았음이 장점이나 그 온갖 바닥에서 얻은 것을 자신의 것으로 소화하지 못함이 단점이다. 마음을 비우면 자신의 것이 되는 것이니 모든 것에 대한 집착을 벗을 것. 원망도 집착이며, 바람도 집착이다.

극단의 상태를 오가면 내 것이 되는 것이 없으니 원만한 속에서 자신의 것을 알 수 있도록 할 것. 금생에서 어떻게 하느냐 하는 것이 모든 결과에 직결되며, 더 이상의 것은 없다.

단전재건법을 매일 30분 이상 6개월 정도 할 것. 그 이후 진도를 보아서 다음 수련법을 전수 받을 것.

금생은 적성이 음향, 영상 쪽으로 되어 있으니 그 부근의 어떠한 일도 할 수 있다. 예술 분야의 업무를 하는 것이 좋다. 망설이지 말 것.

결혼은 아직은 인연이 멀다. 하지만 자신을 변화시키는 정도에 따라 인연이 개척되는 것이니 먼저 단전재건을 하면서 자신을 다듬다 보면 없던 인연도 생길 수 있는 것이다. 희망을 버리지 말 것.

자신을 사랑할 수 있어야 타인을 사랑할 수 있으며 타인을 사랑할 수 있으면 혼인의 인연이 올 것이다. 먼저 자신을 바꿀 것.

명부8 와우성의 책임자

김OO

선계에서 일하던 중 진화를 위하여 지상을 다녀간 적이 있다.

5월중에는 초저녁 한국의 서울에서 정북을 바라보고 서서 약 7도 왼쪽, 지평선을 수평으로 하고 위로 약 25도 정도 위치에 약 3,500광년 떨어진 라린 성단이 있다.

은하계보다 1.5배정도 큰 성단으로서 이 성단에 있는 슈린 은하계 와우성의 책임자였다. 그러나 이 성단의 여러 곳에 걸쳐 다양한 일을 하였으며, 그 자국이 아직도 남아 있다.

이 성단에는 생물 성(星)이 많지는 않으나 수십 여 개의 별에서 인류와 유사한 인종들이 수련을 하고 있으며 지금은 이들 중의 일부가 수선재의 파장을 알고 관심을 보이고 있다.

김의 첫 번째 지구 방문은 선사시대로서 현재의 러시아 지방인 동북아시아에서 미국으로 건너간 인디언의 시조이다. 당시 현재의 알래스카로 건너 간 몽골리안의 지도자였으며 이 흐름을 앞에서 이끌었다.

김의 목표는 보다 넓고 풍요로운 지역에 대한 관심이었으며 당시에 춥고 양식이 넉넉하지 못한 지역을 벗어나고자 함이었으나 현재의 미국과 캐나다의 국경지역까지 진출하고 생을 마감하였다.

당시의 공부로 0등급에서 0등급까지 승급하였으나 특별한 임무가 없이 머물던 중 금생에 다시 수련을 위하여 태어났다.

수련 인연은 상급이다. 본래의 자신을 찾아갈 수 있을 것이다. 현재까지의 공부로써 기반을 조성하였으니 더욱 분발할 수 있도록 하라.

본래의 자신을 만나는 것만으로도 선계 진입이 보장되나 선인 출신의 경우 보다 많은 유혹과 장애가 있음을 알고 심적 대비를 단단히 할 것.

선인 출신이 선인 출신이 아닌 사람보다 유혹이 많고 수련과정이 더욱 힘겨운 것은 단계가 다르기 때문이며 따라서 깨달음과 이에 합당하는 수련의 진전이 없는 한 반드시 환계(선계로 돌아감)한다는 보장이 없다. 최선을 다하여 기운을 적극적으로 사용해 볼 것.

아직 본인을 모르는 것이 단점이요, 본래의 자신을 만나고 나면 큰일을 낼 수 있음이 장점이다.

매일 수련 시 본래의 자신이 있던 곳을 향하여 인사를 하고 수련을 할 것. 시간과 장소에 불문하고 한국의 수선대에서 초저녁에 수련한다고 의념한 채 앞에서 지정한 방향을 향하여(미국에서 바라보는 방향이 아닌) 수련을 하면 해당 성단에 자신이 남겨놓은 기운 줄이 연결될 것이다.

본래 자신의 기운을 찾아다 사용하는 것이 좋다. 상당량의 기운이 남아있으니 금생에는 충분히 사용할 수 있을 것이다.

명부9 무라성의 수련 관리인

박OO

전생은 무라스테오스성(일명 무라성)의 주민으로서 수련 정도가 상당히 높은 상태였다.

지구의 시간으로 6억 년 전 무렵부터 지상에서 태어나기 전까지 무라성(星)에서 수련 관리인으로 있으면서 많은 수련생들이 수련을 할 수 있도록 도움을 주었다. 지상에서의 역할에 비유한다면 학교의 교직원과 같은 역할이다.

당시 그 곳의 기후는 지구의 이집트 날씨와 비슷하다. 무라성은 "선계에 가고 싶다"에 나오는 수련별인 헤드로포보스의 부근에 있는 수련별이다.

수련인연은 상급으로서 90점대이다. 지구에서 태어난 이후 현재까지 자신의 자리를 찾지 못하고 있으며 자신의 자리를 찾는다면 상당한 발전을 이룰 수 있을 것이다. 자신을 가질 것.

지구에서의 위치는 본인이 원하는 대로 지정된다. 자신이 현재의 위치를 원한 이유는 지상에서의 낮은 신분이 수련에 도움이 될 것으로 생각했기 때문이다. 당시의 심정을 잘 유지하면서 수련할 것. 그것이 중요하다. 금생에 배울 것이 있다. 이것을 찾는다면 대성공을 거둘 것이다.

부부의 전생의 인연은 없다. 자녀들의 수련 인연 역시 80% 이상이니 추후 수련시켜 볼 것. 수선재에는 꾸준히 기여할 것이다. 수련 진도에 따라 기여도가 달라질 것이다.

자신을 찾은 이후 큰일을 할 수 있다. 적성은 전문직이 맞으며 현재의 직업이 반드시 나쁜 것은 아니다. 어느 부서에서나 열심히 하는 것이 중요하며 다른 일을 하려면 좀 더 수련한 후 생각해 볼 것.

명부10 진화를 위해 유학 온 선녀

이00

1. 전생과 수련 인연을 알고 싶습니다.

한국에서 정북방을 보고서면 동쪽으로 15도 정도 떨어진 곳에 구상성단이 있다. 이 성단은 우주에서 만들어 지는 다양한 물질을 생성(재생, 우주에서는 모든 물질이 재생되어 사용된다)하는 역할을 하는 별이다.

이 성단의 한쪽에 "다나성"이란 준 생물성(생물이 탄생하지는 않으나 거주하다가 가는 곳)이 있는데 이 별에서 관리 역, 현장 역 등 다양한 역할을 하였다. 아주 부지런하고 성실하여 주변의 모든 선인들이 좋아하였다.

다양한 영체들이 거주하는 이 별에서도 지구는 끊임없는 관심사였으며, 진화를 하고자 각오를 한 선인들이 가고자 하는 별이었다. 지구란 우주 전체에서도 절대로 난이도가 낮은 별이 아니며, 이 별에서 승급이 확정된다면 선계에서도 대단한 축복임을 아는 까닭이다.

이의 경우 이 별에서 다양한 역할을 하면서 본인이 닦아놓은 재능의 1/80도 사용하지 못하고 있었다. 원래 선계의 구성원으로 존재하였으나 자신의 진화욕구를 채우고자 금생에 지구에서 태어나게 되었다. 선계 0등급이었으나 금생에 더욱 진화를 할 수 있도록 할 것. 집중하여 노력한다면 상당한 결실을 거둘 수 있다.

2. 앞으로 어떤 일을 하는 것이 좋을지 알고 싶습니다.

현재 잘 하고 있다. 자신의 재능을 잘 살리고 있으며, 앞으로도 수선재의 수련방법을 다양한 방법으로 알리는 일을 하면서 본인의 진화를 도울 수 있을 것이다.

수련이란 멀고도 먼 길이며, 그 과정에서 너무도 많은 과제가 들어 있는 까닭에 많은 사람들이 탈락하는 경우가 많다.

진정한 진화는 고시에 합격하려는 수험생들의 경우처럼 대단한 각오와 행동이 따라야 하는 것이며, 그저 호흡만 하고 있다고 해서 주어지는 것이 아니다.

생활이 곧 수련이며, 수련이 곧 생활임을 안다면 그만으로도 이미 절반은 한 것이다. 이의 경우 수련을 통하여 자신의 일을 하고 있으니만큼 진화의 길이 많이 단축될 수 있다.

해외 역시 예외가 아니며 해외에서 외국인들이 수련을 재미있게 접할 수 있도록 만들어 주는 것 역시 이의 일중의 하나라고 할 수 있다. 수련에 재미를 더할 수 있도록 할 것. 수련의 포장을 하는 것은 아주 중요하고 큰일이다.

3. 건강이 좋지 않은데 조심해야 할 것이 있는지, 특히 수련에 도움이 되는 것이 있는지 알고 싶습니다.

기운이 뭉친 부분이 있다. 도반들을 통하여 도움을 받고 공개하여 치료법을 구할 것. 수선재 안에 답이 있다.

도인법을 처음에는 약하게 하다가 상태를 보아가면서 강화할 것. 온 몸의 기운이 정상적으로 운기 되면서 나아질 것이다. 자신의 체력을 안배하는 기술 역시 터득해야 할 과제이니 무리하지 않으면서 일을 다 하는 것은 중요한 수련기술이다.

4. 부모님과의 인연에 대해 알고 싶습니다.

부모님 역시 함께 가야 할 인연이다. 모든 것이 공부과정에서 만나야 하는 인연이니 인간세상의 일로 마무리 될 것이다. 부모님은 본인의 수련으로 진화를 시켜드린다고 생각할 것.

명부11 지구에 태어나기 전 동면기를..

이OO

OO성(氣的으로 느껴야 함)이란 아주 작은 별이 있다. 이 별은 직경이 불과 수 킬로에 지나지 않을 정도의 작은 별이다. 불완기 공간의 별이며 위성별(달과 같은 별)로서 자신이 소속된 행성(지구와 같은 별)이 있고 그 행성의 영향권 내에 있는 별이다.

이 별은 행성에서 필요로 하는 기에 대한 공급을 담당하고 있으며, 우주 공간을 흐르는 천선이 이 위성을 통하여 행성으로 연결되고 있다.

모든 시스템은 자동화되어 있으나 일부 해당별의 거주민 몇 명이 나름대로의 임무를 수행하고 있다. 이 역할을 하던 사람으로서 당시에는 수련에 열중하지 않았으며 나름대로 한가히 자신의 일을 하고 있었다.

지상에서 태어나기 전 수천 년간은 동면기에 들었다. 동면기는 일을 하지 않고 의식을 꺼둔 채 머무는 기간을 말한다. 대개 다음 일정을 수행하기 위한 준비기간이다. 이 기간을 마무리하고 지상에서 태어나게 되었다.

수련 인연은 현재로서는 중급이다. 본인이 수련에 대한 의지가 별로 대단치 않았으며 따라서 평범하게 보냈던 편이다. 허나 금생에 열심히 한다면 상상할 수 있는 이상의 효과를 거둘 것이다.

노력하면 가능한 재질을 타고 난 것이 장점이오, 그럼에도 별 다른 노력 없이 시간을 보내고 있는 것이 단점이다.

우선 축기를 다른 수련생보다 더욱 열심히 하여야 한다. 축기를 하기 위하여 단전을 튼튼하게 만들고 확장하여야 하는 바 우선 단전재건법을 한 후 다시 강력히 축기를 할 것.

수련이 적성이다. 다른 것은 수련을 위한 보조적인 수단일 뿐이다. 자신의 역량을 발휘할 수 있는 업종을 세 가지 정도 선택해서 주변에서 조언을 구하여 확정하면 그것이 자신의 직업이다.

주변에 아직은 결혼 인연이 가까이 없다. 수련을 하다 보면 자연스레 인연이 생길 수 있으나 혼자 갈 확률이 50% 이상 된다. 한다면 자신에게 경제적으로 도움이 될 수 있는 사람이 좋을 것이다. 도움을 받는 것에 대하여는 다른 것으로 갚으면 된다.

명부12 선계에서 하늘을 관리하던 선녀

조○○

1. 나는 누구인가? 나는 어디에서 왔으며 수련에 들게 된 인연은 무엇인지요?

0등급의 선녀였다. 선계에서 하늘을 관리하는 역할을 담당하던 중 진화욕구에 의해 인간으로 화하였다.

선계와 인연이 있었던 수련생들은 일반 수련생들에 비하여 공부과정이 가혹한 경우가 많다. 난이도가 높으며 따라서 통과율이 저조할 수 있으나 통과하게 되면 그만큼 격이 달라진다.

원래의 자리로 돌아가기 위한 노력은 타인이 하는 것에 비하여 더욱 많아야 하고 어려울 수 있으니 그러한 과정을 이수하기 위한 마음의 준비를 할 것.

선녀로 있을 당시의 이름은 본인이 수련하여 알아낼 것. 알아내고 나면 선계의 근처까지 간 것이다.

※ 8층에서 1층으로 내려오면 8층까지 올라가야 본래의 자리에 온 것이며, 1층을 더 올라가서 9층까지 가야 진화가 된 것이니 일반 수련생들이 1층에서 한층만 더 올라가면 진화가 되는 것과 차이가 있는 것이다.

2. 프랑스에서, 중국에서 제가 하고자하는 일이 가능하겠는지요? 제가 하고자하는 일은 프랑스에서 명상카페와 지부를 만들어 선향을 널리 알리고 싶습니다. 그러기 위해서는 자본이 많이 들겠지요. 그래서 중국에서 저의 직업을 살려 일을 하고 싶습니다.

가능하다. 프랑스나 중국 뿐 아니라 어디에서도 가능하다. 천수체의 존재형태는 인종과 지역에 무관한 것이며 하늘을 알고 나면 우주를 알고 싶은 것이 정상적인 인간의 진화과정인 것이니 지금 씨앗을 뿌린다면 적절할 것이다.

허나 그 나라에는 그 나라 사람들의 정서가 있고 그들의 생활 속에서 하늘과 우주의 뜻을 펴야 하는 것이니만큼 그들을 먼저 파악할 수 있어야 한다. 수선재는 씨앗을 주는 것일 뿐 하늘의 뜻을 받아들여서 꽃을 피우는 것은 그들이 할 일이지 수선재가 모든 것을 다 해주는 것이 아니기 때문이다.

따라서 자신이 노력한 결과에 대한 결실 역시 자신이 가지는 것이니 하늘을 생각하고 우주의 의미를 알게 되면 그것이 바로 수련을 통하여 진화하기 위한 첫걸음을 내디딘 것이다.

천수체로서의 역할을 그들이 충분히 알아듣고 행할 수 있도록 기반을 조성하는 일인 것이다. 그들이 알아듣는 언어로 그들의 방식을 사용하여 하늘과 우주를 알려줄 수 있도록 할 것. 어디에서나 가능하며 한국에서 가능한 것은 중국에서는 물론 프랑스에서도 가능한 것이다.

3. 저는 어린 시절부터 가지고 있는 의문점이 있습니다. 언니는 왜 아픈지? 저희 가족은 왜 평범한 가족이 될 수 없는지? 그리고 왜 평범하게 살아갈 수 없는지요?

공부이다. 난이도란 과정의 등급에 따라 다른 것인바 우주의 스케줄은 너무도 다양하여 인간의 지혜로 헤아릴 수 없는 수억 조×수억 조×수억 조의 다양성이 있다. 이러한 다양성이 일정한 법칙에 의해 나열되어 인간의 운명이라 불리는 각양각색의 조합을 만들어 내는 것이니 큰 수련에 들면 큰 과제가 내려오는 것이다.

아픔은 그 자체로 과제이기도 하거니와 나가야 할 방향을 알려주고 다른 것을 막아주는 방패의 역할을 하기도 하는 것이니 아픔이 자신에게 전해주고자 함이 무엇인가 알아낸다면 아픔이 물러갈 것이다. 평범함은 곧 일상의 반복으로서 진화가 없음을 말해주는 것이다.

4. 가족의 수련인연과 저와 가족이 금생의 수련으로 어디까지 가능하겠는지요?

모든 가족이 선계수련생이라 함은 이미 그 인연이 범상치 않음을 말해주는 것이다. 전 가족이 하늘과 인연이 되어 천선이 연결되었으니 모든 난관을 함께 극복할 수 있도록 할 것. 머리를 맞대고 함께 의논하다 보면 일을 풀어 나갈 수 있는 열쇠를 발견할 수 있을 것이다.

매일 천서를 2-3페이지 정도 읽고 그것이 무엇을 원하는 것이며, 우리 가족의 어느 부분, 나아가 인간의 어느 부분에 적용시키면 될 것인가를 생각할 것. 가능하다. 빛이 보이고 있으니 함께 손을 잡고 나가볼 것.

5. 언니가 (조○○) 지금까지 자신의 일을 하지 못하고 살았습니다. 적성에 맞는 일이 무엇인지 알고 싶습니다.

사람을 인도하는 일이다. 그 일을 하기 위하여 우선 자신의 껍질을 깨고 나올 것. 자신의 껍질이 두꺼운 만큼 깨고 나오면 할 일이 많다.

6. 저와 가족에게 맞는 수련법을 알고 싶습니다.

매일 천서를 일정부분씩 접하고 심신의 유연성을 키울 것. 육신과 마음의 유연성을 향상시키는 방법은 하늘과 우주를 마음에 품는 일이다.

이 과정이 어느 정도 이루어지고 나면 매사가 유연하게 받아들여 질 것이니 모든 과제가 한결 가벼워질 것이다.

처음에는 호흡을 날숨 7, 들숨 3으로 할 것. 버릇이 되면 비율에 대한 의식을 버리고 자연스런 호흡을 갈 것. 자연스런 호흡이 가능하다 함은 자신의 균형을 찾았음을 말해주는 것이다.

이후에는 수련의 느낌이 달라질 것이니 항상 하늘과 우주를 잊지 않도록 할 것. 절대로 놓치면 안 되는 것이 바로 하늘과 우주인 것이다.

천서를 불어나 중국어로 번역하는 일을 해보면 좋을 것이다. 완벽을 요구하는 것이 아니라 자신이 받아들이고 설명할 수 있는 기반을 갖추는 것으로 생각할 것.

에필로그

비 오면 비를 통하여, 눈 오면 눈을 통하여

방금 전 텔레비전에서 우주에 관한 프로를 보았습니다. 우리가 속한 은하계 가까운 곳에 태양의 크기의 30억 배만 한 블랙홀이 있는데, 지구상의 어떤 과학자도 왜 그곳에 그만한 크기의 블랙홀이 있는지, 무엇을 하는 곳인지 모른다는 것이었습니다.

또 우리가 속한 은하계에서 가장 가까운 은하가 안드로메다 은하인데 그 은하가 우리 은하 쪽으로 계속 움직이고 있다고 합니다. 그래서 몇십억 년이 지난 후에는 지구가 속한 은하가 우주에서 가장 큰 은하가 될 것이라고 하는데 왜 그렇게 진행되고 있는지 아무도 모른다는 것이었습니다.

저는 과학자들도 모르는 우주를 수련을 통하여 알게 되었습니다. 우주를 알면 알수록 인간의 무력함과 보잘것없음, 그리고 우주의 위대한 힘을 느낍니다. 우주가 인간의 뜻과는 별개의 어떤 힘에 의해 움직이고 있다는 확신을 가지게 됩니다.

인간의 뜻에 의해 우주가 움직이고 있다면 지구상의 내로라하는 과학자들이 우주의 비밀을 1%라도 알지 못하고 있을까요?

저는 그런 우주를 전하고자 노력하고 있는 중입니다. 과학의 문외한인 저로서는 우주가 선계이며, 선계는 조물주님과 깨달음을 얻은 선인님들의 뜻에 의해 움직이며, 인간을 포함한 우주의 일부분인 피조물들도 궁극적으로는 깨달음을 얻어 우주의 진화라는 선계의 뜻에 동참하여야 한다는 우주의 법칙을 저의 능력껏 알릴 뿐입니다. 그리고 그곳에 도달하는 방법을 기운으로, 말씀으로, 수련법으로, 사력을 다해 전하고 있습니다.

제가 얼굴을 드러내지 않으려는 것은 신격화하자는 뜻이 아닙니다. 사람마다 자신의 스타일이 있듯이 저의 스타일은 드러내지 않는 것일 뿐입니다. 그간 사정에 의해 드러내놓고 수련생들을 지도하였지만 원래의 저의 모습은 아니라는 생각이 드는 군요. 그렇지 않고서야 계속해서 이다지도 어색하고 무안한 기분을 느낄 리는 없겠지요.

저는 아마도 점차 드러내지 않을 것입니다. 허나 준비가 된 분들에게는 보다 가까이 있게 될 것입니다.

대통령의 통치스타일에 대해서 왈가왈부하는 것은 국민들의 몫이며 자유이겠지만 수선재는 선계의 뜻으로 움직이는 곳입니다. 그리고 수련지도는 전적으로 스승인 저와 선인님들과 선계의 뜻으로 이루어집니다.

저도 저의 역할을 잘 하여 이 다음 선계에 가서 고개를 들고 싶으며, 저의 뼈가 으스러지는 한이 있어도 지구인들의 진화를 바라며, 또한 선인님들의 뜻도 같습니다.

다만 선계의 뜻은 지구인들 특히 수련생들의 노력여하에 따라 반응하고 자 하시기에 이 시점의 수련 지도는 제가 현재, 하고 있는 방식으로, 진행되고 있습니다.

"자. 이제 가 보아라.
수련의 길은 끝이 없는 것이니
중도에 멈춤이 없이 갈 수 있도록 해라.
하늘에 모든 것을 맡기고
나의 모든 것을 진화시켜 달라고 하라.
무심치 않을 것이다."

진화가 가능함을 암시해주는 나옹 선인님의 천음을 들을 수 있도록 선계수련을 진정 하고자 하는 수련생들은 비 오면 비를 통하여 눈 오면 눈을 통하여 하늘의 뜻을 알려고 노력하시면서 수련에 정진하여 주시기 바랍니다. 무심치 않을 것입니다.

편집자의 글

맑고 밝고 따뜻한 우주시대를 여는 책

천서는 하늘의 기운인 천기(天氣)상태로 존재하는 우주의 모든 것에 대한 자료를 명상을 통해 해독한 것입니다. 천기란 천지창조의 모든 것을 담고 있으므로 천기를 통해 우주의 근본 원리와 우주와 하늘과 인간의 모든 것을 알 수 있습니다.

천서는 받는 사람의 의사와는 관계없이 전달하고자 하는 쪽의 의사에 따라 일방적으로 주어지는 채널링과는 다릅니다. 채널링은 흔히 말하는 접신이나 빙의와 같은 상태로서 메시지의 수준 또한 전달하는 쪽의 수준에 따라 천차만별이며 받는 사람이 내용을 알지 못하는 경우가 많습니다.

천서는 수동적으로 받는 것이 아니라 알고자 하는 정보를 명상을 통해 주도적으로 알아내는 것입니다. 명상 시의 파장이 알파 0.0001 이하에 닿아 있어야 하며, 받는 사람의 수준이 천서의 근원인 우주 본체(하늘1=선계)에 도달해 있어야 받을 수 있습니다.

알파파장은 1부터 10까지가 있으며 1이 수련 정도가 가장 높은 수준의 파장입니다. 알파 1은 다시 1에서 1000까지로 나눌 수 있으며 이 중 적어도 천분의 1에서 10까지는 되어야 천서를 받을 수 있습니다. 이런 상태는 미풍도 불지 않는 고도의 적막 상태로 이 책의 제목에 나오는 0.0001이라는 숫자는 이러한 알파파장을 상징합니다.

수련생들의 공부가 진행되는 수준에 맞추어 주셨던 천서들 중 2002년~2006년도 사이의 것들을 엮어 천서 3,4권으로 출간하였습니다. 천서 1,2권에 이어서 수련생들이 나아가야 할 방향, 호흡수련, 선계수련의 볼텍스, 개인 명부 등 지구 역사상 어디에서도 접할 수 없는 정보가 담겨있습니다. 이 책을 통하여 많은 분들이 본래의 자신을 찾기 위한 수련의 길에 들게 되시기를 바랍니다.

명상학교 수선재

맑고 밝아져서 따뜻한 마음의 향을 느끼게 하는 사람… 하늘 사랑, 자연 사랑, 사람 사랑을 실천하는 사람… 1998년 창립된 명상학교 수선재(樹仙齋)가 추구하는 인간다운 인간의 모습입니다. 명상학교 수선재는 요가, 기체조, 그림명상, 단전호흡 등 대중적인 명상 코스를 포함하여 깨달음을 위한 심공(心功) 코스인 선계수련에 이르기까지 적합한 수련법과 체계적인 프로그램으로 운영되고 있습니다.

* 국내 주요 도시와 해외 각국(미국, 중국, 호주, 남아공 등)에 지부가 개설되어 있습니다. 문의하실 분은 1544-1150(국내만 가능)으로 전화하시면 상세한 안내를 받을 수 있습니다.

www.suseonjae.org

선계수련 과정

넓게 보면 선계 수련의 전 과정이 심공수련이므로 각 과정은 모두 심공 수련 안에 포함이 됩니다. 이 중 기공 단계는 공통 과정이며 나머지는 각자의 수련 스케줄에 따라 순서가 변경 될 수 있습니다.

1. 기공(氣功) 과정

기감 개발 : 우리가 말로만 듣고 실제로는 느끼지 못하던 기에 대한 확인 과정이다. 기감 개발이 가장 쉬운 방법은 장심(掌心)을 열어 장심을 통하여 두 손바닥에서서로 끌어당기고 밀어내는 인력(引力)을 강화하는 방법이다.〈수련법 : 장심개혈법〉

축기 : 기를 수련 등에 사용하기 위해 몸 안의 일부에 모으는 과정이다. 초심자의 경우 주로 단전에 축기하게 되며 수련 초기 단전의 형성은 이 수련의 진도에 절대적인 영향을 미친다. 단전에서 주먹 크기의 기체(氣體)를 형성한 후 점차 강화하면 기운이 생기게 되며 이 기운으로 인체 내부의 기혈을 연다. 단전호흡의 방법이 사용되며 단전이 축구공만큼 커지면 경락이 열리는 기반이 조성된다. 오랜 기간 수련을 했는데도 진전이 없다면 이 단계를 소홀히 했기 때문이다.〈수련법 : 하단 축기법〉

수기(受氣) : 내 안의 기운을 모으는 것만이 아닌 외부의 기운을 받는 수련이다. 외부의 기운 중에는 우주기, 천기(天氣), 지기(地氣), 인기(人氣)가 있는데 이 수련은 주로 우주기와 천기의 수기 수련이다. 우주기와 천기를 지구의 주파수에 맞게 바꾸어 주는 천선줄은 수련 지도자가 하늘의 도움으로 설치한다.

소주천 : 기운으로 임·독맥 등 인체 내의 기운이 흐르는 모든 길을 여는 과정이다. 인체 내에 기운이 모이면 흐르게 되며, 이 흐르는 기운을 정상적인 통로로 유통하여 주요 혈을 여는 기법이다. 평소 사용하지 않던 기맥을 연결하여 다

음의 대주천에 대비한다.〈수련법 : 중단 개혈법, 독맥 개혈법〉
대주천 : 소주천 과정이 끝난 수련생이 외기(外氣)와의 유통 경로를 여는 것이다. 천지 기운을 모두 받아들일 수 있는 경락이 열리게 되며 이 과정을 거치면 진정 하늘 공부를 할 수 있는 사람이 된다. 수련을 열심히 할 경우 기공 과정을 일년 안에 마치게 된다.〈수련법 : 대주천 수련법〉

2. 신공(身功) 과정

기변법(몸 안의 기운을 바꾼다)
천지유통 : 하늘은 땅이 있으므로 있고, 땅은 하늘이 있으므로 있는 것이다. 하늘과 땅은 둘이 아니고 하나요, 하나이면서도 둘인 것이다. 하나이면서도 둘이고 둘이면서도 하나인 원리를 터득하기 위한 수련이다.
지수화풍 : 모든 기운은 하나이다. 그 하나 속에서 자신의 기운을 점차 하늘의 기운으로 바꾸어 간다. 이 단계를 익히면 마음이 평온해진다.
건곤일척 : 하늘을 우러러 자신의 모든 허물을 벗어버리는 수련이다. 이 과정을 겪음으로써 모든 것을 대함에 떳떳해진다. 자신이 겪고 있는 업에 대한 인식이 바뀌고 업이 정당한 것이며 이 업을 금생에 벗어나기 위해 어떻게 해야 하는가를 생각하며 하는 수련이다.

신변법(몸을 바꾼다)
화룡첨정 : 기적인 세계를 보는 안목을 키우는 수련이다. 이 수련을 거치면 기적인 세계를 보고 이것을 인간 세계에 이용하는 법을 배운다. 기안(氣眼)을 열고 이 눈으로 기계(氣界)를 보며 기계의 선진기술을 인간 세계에 이용하도록 하는 것이다. 하늘을 알고, 하늘의 법도를 배우며, 하늘의 뜻을 실천하는 사람이

되기 위해 필요한 과정이다.

육기조화 : 인간의 몸을 가장 조화로운 상태로 만드는 수련이다. 육기란 오장육부의 모든 기운을 말하며 이 모든 기운들이 조화됨으로써 가장 강력하고 균형 잡힌 인간이 형성되는 것이다.

기운법(몸 안의 기운 뿐 아니라 주변의 기운도 바꾼다)
관운기화 : 자신의 주변을 둘러싸고 있는 기운을 바꾸어 좀 더 편히 수련에 임할 수 있는 분위기를 만들어주는 수련이다. 이 수련을 함으로써 자신이 당하고 있는 문제를 객관적으로 보고 내가 겪어야 할 이유에 대해 알게 된다. 이유를 알았다는 것은 자신의 일을 알게 되는 것으로써 체념이나 포기와는 다른 벽을 넘게 된다. 마음이 불편할 때 하면 좋다.
상비조화 : 사람의 모든 기운은 우주의 모든 기운과 조화되어 일체를 이루도록 되어 있다. 상비란 사람이 수련을 하여 인체의 기운이 하늘 기운이 되는 것을 말하며, 하늘 기운이 된 상태에서 조화를 이루는 것을 말한다. 몸이 맑아지며 판단을 하는 데 실수가 적게 된다.
구룡비상 : 이상의 수련을 정상적으로 한 사람이 천상 세계를 직접 관찰하며 수련의 의미를 다지는 수련이다. 현재의식에서 탈피하여 무의식으로 들어가며, 무의식에서 천상의 파장과 일체를 이루어 방송국에서 보내는 주파수를 텔레비전으로 보듯 천상 세계의 일이 손에 잡힐 듯 보인다. 이 단계에서는 호흡수련의 강화가 더욱 필요하다.
강화신천 : 현재까지의 수련을 강화하는 단계이다. 사람의 기운은 마음이 바탕이며 몸이 표현 수단이므로 몸을 가꾸는 것은 마음과 일체가 되어야 가능한 것이며, 몸과 마음이 일체가 되고 나서 진정한 기운의 변화가 일어나는 것이다. 이 수련은 몸과 마음을 변화시켜 수련자 자신은 물론 주변까지도 평안하도록 하는 것을 목표로 한다. 이 단계를 거치면 내기(內氣)가 강화되고 자신의 주변

기운도 강화되므로 어떤 사기(邪氣)도 범접하지 못하게 된다.
상식오비 : 현재까지의 신법을 총 정리하는 수련이다. 이 수련은 바뀐 몸과 몸 주변의 기운을 다지는 것이다.
이상과 같은 신법(身法) 수련으로 수련의 중급 과정은 끝나게 되며 다음은 고급 과정인 신법(神法)이나 심법(心法)으로 들어가게 된다. 신법은 영(靈)으로, 심법은 마음으로 가는 수련이므로 기에 관한 기반이 조성되어 있지 않으면 진전이 불가능하고 효과가 나타나지 않으므로 안 한 것만 못한 결과가 된다.

3. 신공(神功) 과정
신공(身功) 과정을 통해 영적인 눈이 열리고 몸과 마음이 준비된 상태의 사람에게만 시키는 수련으로서 이 단계를 거치면 신과 우주인, 그리고 타 영들과의 대화가 가능하다. 수련생들이 옆길로 빠지게 되는 확률이 높은 수련이므로 필수 과정은 아니나 보이지 않는 세계에 대한 확신을 가질 수 있게 된다.

4. 심공(心功) 과정
이상의 과정을 통하여 몸과 기운이 정화된 사람이 깨달음을 얻기 위하여 본격적으로 마음공부에 들어가는 수련이다. 경우에 따라 금촉수련이 요구되기도 하나 각자의 스케줄에 의해 다른 경우도 있다. 자신이 누구인지와, 자신의 역할과 사명에 대해 알게 된다. 이 과정에서 본성(本性)을 만나게 된다. 기운뿐 아니라 모든 해결 방법을 자신 속에서 찾는 수련이므로 기초 작업을 완전히 다진 후 들어가지 않으면 수십 년이 걸리거나 실패하는 수도 있다. 1단계의 심공은 인간세계에서의 마음 자세를 배우고, 2단계의 심공은 천상계에서의 마음 자세를 배운다. 이 과정을 끝내면 천인(天人)이 된다.

깨달음의 단계

초각(初覺)
자신에 대한 기초적인 정보를 아는 것. 이것은 호흡과 의식으로 가능하다. 이 단계에서 수련생들은 모든 것을 안 것과 같은 착각을 하게 되며 전부 깨달은 듯한 착각에 빠지는 것이다. 시험은 이 단계에서 가장 많이 오며 99%의 수련생들이 이 초각에서 중각으로 넘어가지 못하므로 결국 초각에서 수련을 멈추게 된다. 항해에 비하면 막 출항한 단계이다. 수련의 재미를 알고 기의 용법을 알아 수련이 재미있게 되며 급진전이 있는 것도 이 단계이다.
(지기(知氣) 단계 - 습기(習氣) 단계 - 용기(用氣) 단계)

중각(中覺)
자신과 우주에 대하여 아는 것. 서로 비교하면서 자신의 보잘것없음을 알게 되며, 이 단계에서 자신의 명(사명)을 알게 된다. 이 단계에 오면 다른 사람의 앞에 나섬을 두려워하게 되며 우주에 대한 경이로움으로 스스로 겸손하게 된다. 이 단계에 들기 직전 엄청난 두려움과 시련이 닥쳐오며 기존의 항로에서 벗어나 새로운 길로 가게 된다. 기존의 사고방식과 수련 방법에 있어 일대 전환이 필요하며 중각의 단계를 벗어나기까지 무한한 인내를 요한다. 본격적으로 이 중각의 경지에 들면 마음의 평정을 찾아 어떤 동요가 와도 흔들림이 없으며, 마냥 편한 가운데 정진하게 된다.
(지심(知心) 단계 - 습심(習心) 단계 - 탈심(脫心) 단계(불교의 해탈, 대각))

종각(終覺)
자신과 우주를 알고 다시 자신에게서 우주를 발견하게 되는 단계. 수련의 완성기이며, 이 단계에서는 자신의 모든 판단이 우주의 판단과 일치하여 어떠한 생각을 해도 실수가 없다. 종각을 향해 나아가는 것이 선계수련의 길이다. 이 단계에서 선계 1등급 진입이 허락되며 우주와의 합일 정도에 따라 1~10등급까지 구분된다.

도서출판 수선재의 책

다큐멘터리 **한국의 선인들**(전6권) | 각 7,500원
황진이, 서경덕, 남사고, 이지함, 이율곡, 신사임당 등 역사에 자취를 남기신 많은 분들은 선계에서 공부 차 오신 선인이었다. 그분들이 전해주는 깨달음의 이야기와 〈선계에 가고 싶다〉 이후 저자의 심도 있는 수련 이야기가 담겨있다.

천서 0.0001 1,2 (전 2권) | 각 12,500원
인간이 닿을 수 있는 가장 미세한 파장 0.0001의 알파파장으로 최초로 드러나는 우주의 가장 근원적인 정보들. 우주와 인간의 창조목적, 지구의 미래, 동이족의 기원, 우주인과의 대화 등 시공을 넘나드는 장대한 대서사이다. 1999년~2001년까지 http://www.suseonjae.org에 간간히 소개되었던 천서와 나머지 미공개 된 천서를 주요 내용으로 하고 있다.

소설 선(仙)(전 3권) | 각 8,500원
조선 중기의 대선인, 토정 이지함의 3대에 걸친 구도기로, 실제 대화를 통해 구성한 소설 아닌 소설. 메릴린스 별의 선인 미르메트는 어느 날 진화의 필요성을 느끼고 재수련을 결심하여 지구에서의 한 생을 보내게 되는데…

무심 | 9,000원

순간순간이 왜 스트레스인가? '무심' 하나만 터득하면 행복 할 수 있다고 전한다. 무심은 아무 생각이 없는 것이 아니라 어떤 일 한 가지에 열중하여 한 번에 한 가지만 하는 것! 잊어지지도 포기해버릴 수도 없는 일은 바로 '무심'으로 해결하는 것이며, '무심'의 비법을 실현 가능한 이야기를 통해 전해 준다.

여유 | 8,000원

여유가 있는 한 기회는 있다! 급하기만 한 세상살이에서 여유를 찾는 방법을 소개한다. 하루에 한 가지씩의 365개 메시지를 통해 마음을 다스리는 법을 구체적으로 제시하는 책. 부담 없이 언제 어느 장을 펼쳐도 1분이면 현실의 조급함에서 자신을 돌아볼 수 있는 여유를 찾을 수 있게 된다. 짧은 글 속에 편안함으로 유도하는 비법이 있다.

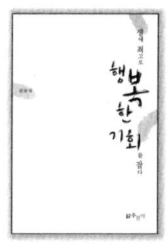

생애 최고로 행복한 기회를 잡다 | 9,000원

5년 동안 스승과 제자가 명상을 하는 자리에서 나누었던 삶에 관한 대화록이다. 본질적으로 책에서 말하고자 하는 것은 어떻게 살아야 할지에 관한 것이다. 항상 닥치기 마련인 시련이나 불행은 '명상'으로 생각보다 쉽게 극복할 수 있다는 저자의 진실한 경험담이 빛난다. 구태의연한 삶을 깊이 도려내는 교훈들이 독자들의 눈을 번쩍 뜨게 하면서 새로운 기회로 안내한다